因需而智理念下新商科智慧学习工场建设探索与实践

新商科智慧学习工场建设项目组　著

中国财经出版传媒集团
中国财政经济出版社

图书在版编目（CIP）数据

因需而智理念下新商科智慧学习工场建设探索与实践/新商科智慧学习工场建设项目组著. --北京：中国财政经济出版社，2021.4

ISBN 978-7-5223-0234-8

Ⅰ.①因… Ⅱ.①新… Ⅲ.①职业教育-贸易-人才培养-研究-中国 Ⅳ.①F7-40

中国版本图书馆 CIP 数据核字（2020）第 259975 号

责任编辑：叶 彤　　　　责任校对：李 丽
封面设计：兰卡绘世　　　　责任印制：张 健

因需而智理念下新商科智慧学习工场建设探索与实践
YINXUERZHI LINIANXIA XINSHANGKE
ZHIHUIXUEXIGONGCHANG JIANSHE TANSUO YU SHIJIAN

中国财政经济出版社 出版
URL：http：//www. cfeph. cn
E-mail：cfeph@ cfeph. cn

社址：北京市海淀区阜成路甲 28 号　邮政编码：100142
营销中心电话：010-88191522
天猫网店：中国财政经济出版社旗舰店
网址：https：//zgczjjcbs. tmall. com
北京财经印刷厂印刷　各地新华书店经销
成品尺寸：170mm×240mm　16 开　7.75 印张　125 000 字
2021 年 4 月第 1 版　2021 年 4 月北京第 1 次印刷
定价：58.00 元
ISBN 978-7-5223-0234-8
（图书出现印装问题，本社负责调换，电话：010-88190548）
本社质量投诉电话：010-88190744
打击盗版举报热线：010-88191661　QQ：2242791300

目　录

绪　论

进入新时代以来，在习近平新时代中国特色社会主义思想的引领下，在以习近平总书记为核心的党中央的全面领导下，我国在政治、经济、文化、社会、生态文明等领域的建设事业稳步推进，决胜全面建成小康社会取得决定性成就。2020年10月29日，党的十九届五中全会通过了《中共中央关于制定国民经济和社会发展第十四个五年规划和二〇三五年远景目标的建议》（以下简称《建议》），清晰展望了2035年基本实现社会主义现代化的远景目标，明确提出了“十四五”时期我国发展的指导方针、主要目标、重点任务、重大举措，乘势而上开启全面建设社会主义现代化国家新征程，向第二个百年奋斗目标进军。

面向“十四五”，展望2035年，新发展理念深入人心，新一轮科技革命和产业变革深入发展，互联网、大数据、人工智能等同各产业深度融合，推进传统产业高端化、智能化、绿色化，推进产业基础高级化、产业链供应链现代化，促进平台经济、共享经济健康发展，加快现代化经济体系建设步伐。“新科技+”驱动经济现代化建设已势不可挡。习近平总书记强调，新一轮科技和产业革命形成势头，数字经济、共享经济加速发展，新产业、新模式、新业态层出不穷，经济增长新动能不断积聚，要坚持创新驱动，培育增长新动能，加强数字基础设施和能力建设，促进数字经济和实体经济融合发展，加快建成数字经济强国。

全面建设社会主义现代化国家、实现第二个百年奋斗目标，需要强大的人力资源做底部支撑。习近平总书记指出，教育是民族振兴、社会进步的重要基石，要努力构建德智体美劳全面培养的教育体系，形成更高水平的人才培养体系，培养出更多能够满足党、国家、人民、时代需要的人才。这就要求教育领域以习近平总书记关于教育工作的重要论述为指导，全面贯彻党的教育方针，主动作为，推进教育现代化，围绕“培养什么人、怎样培养人、为谁培养人”这三大根本性问题，坚持立德树人根本任务，扎实开展人才培养培训工作，培养德智体美劳全面发展的社会主义建设者和接班人。

职业教育，作为一种重要的教育类型，以健全的办学体制机制、高品质的产教融合校企合作、高质量的人才培养培训体系，为国家现代产业经济体系建设培养数以亿计的高素质劳动者和技术技能人才，为全面建设社会主义现代化国家、实现第二个百年奋斗目标贡献应有力量，使命在肩。《国家职业教育改革实施方案》提出，要坚持以习近平新时代中国特色社会主义思想为指导，牢固树立新发展理念，服务建设现代化经济体系和实现更高质量更充分就业需要，对接科技发展趋势和市场需求，完善职业教育和培训体系，优化学校、专业布局，深化办学体制改革和育人机制改革，以促进就业和适应产业发展需求为导向，着力培养高素质劳动者和技术技能人才。《建议》更是要求加大人力资本投入，增强职业教育适应性，深化普职融通、产教融合、校企合作，探索中国特色学徒制，大力培养技术技能人才；发挥在线教育优势，完善终身学习体系，建设学习型社会。

为了更好地落实党和国家的教育方针，迎接新一轮科技革命和产业变革深入发展给职业教育带来的机遇和挑战，推进商科教育数智化转型升级，建设高水平数智商科专业群，打造商科人才培养新生态，加快培养适应现代经济体系建设的复合型创新型商科人才，在教育部学校规划建设发展中心的指导下，在广州市福思特科技有限公司的支持下，依托教育部新商科智慧学习工场试点院校项目，全国财指委委员、成都工业职业技术学院财经管理学院院长苏重来牵头组建了新商科智慧学习工场建设项目组。新商科智慧学习工场建设项目组以习近平新时代中国特色社会主义思想为指导，围绕商科人才培养供给侧和需求侧结构性矛盾，从颠覆传统商科人才培养模式破题，对标教育部学校规划建设发展中心智慧学习工场建设标准，融合商科人才培养现状、要求与特色，重新定义未来商科教育的新理念、新形态、新学习、新场景、新课程、新流程、新资源，打造以学生为中心的基于商科专业集成化的开放型、融合型、终身学习型新商科教育综合平台。

第一，立德树人，落实三全育人。以习近平新时代中国特色社会主义思想和党的十九大精神为指导，贯彻落实全国教育大会精神和全国高校思想政治工作会议精神，践行社会主义核心价值观，围绕“新时代、新业态、新模式、新目标、新要求”赋予青年一代的历史责任和使命担当，将思想政治教育有机融入新商科专业体系、教学体系、教材体系、管理服务体系全过程、全环节、全要素、全场景，形成与新商科教育特点相适应的全员全过程全方位育人格局，培养适应和引领现代产业发展的有理想、有道德、有文化、有纪律的应用型、复合型、创新型财经人才。

第二，翻转学习，优化人才培养体系。颠覆传统教与学模式，应用“大智移云区”技术优势，精准掌握学生的学情、兴趣爱好、职业倾向等，聚焦课程、记录和评价三个要素，创新“五商五能”商科人才培养体系，依托数字化、智能化、一站式教学云平台，充分利用共享、开放、持续更新的优质课程教学资源库，以学生为中心，个性化配置学习资源、设计教育流程，推动灵巧学习、集成化场景、全域感知、数字化评价、智慧管理等有机结合、自我演进，为学生多样化、个性化成长建立教育供应链体系，打造学生永不毕业的学习时空，因需而智，终身服务。

第三，产教融合，整合优质资源。以《国家职业教育改革实施方案》《中国教育现代化 2035》等文件要求为指导，在“互联网 +”总体框架下，以服务学生、院校、行企和社会为目标，以跨区域、跨行业、跨领域、跨院校、跨专业为原则，有机整合政府、行业企业、本专科院校、科研机构等在技术、资本、智力、设备等方面的资源和力量，形成“新商科教育命运共同体”，共同推进商科专业教育与信息技术、智能技术深度融合，打造共享、开放、动态更新的优质新商科课程教学资源库，满足不同用户的个性化、终身化学习需求，深化院校企地融合发展，实现新商科专业人才培养与区域产业人才需求相契合，服务区域经济社会发展。

第四，提质升级，建设育人基地平台。对接区域经济发展需求，尤其是新经济、新商业、新业态、新模式等对商科人才培养要求，以“大智移云区”为技术支撑，校企合作，通过适应性改造、升级或新建的方式，构建与行业发展、企业人才需求紧密衔接的功能集约、虚实结合、资源丰富的新商科场景，构建理论与实践相结合的新商科实训基地和教育云平台，打造教学应用全覆盖的信息化教学环境。利用学生画像绘制、大数据分析等数智化手段辅助教学，通过模拟仿真训练将理论知识转化为实际商业场景应用，让学生通过教育云平台掌握企业生产经营管理基本技能和专业技术，在加深专业知识理解的同时提升实战能力。

第五，协同创新，强化科研教改。依托新一代信息技术，以国家教育强国战略为指引，聚焦教育政策与商科教育实践中的重大现实问题，融合区域经济建设发展特色，立足创新型特色智库的定位与作用，汇聚校政行企多方资源，产教深度融合，建设新商科教育大数据研究体验中心和新商科研究院，以政策指引为方向，以“学”为核心，构建政产学研用协同育人模式，围绕数智融合的商科专业教学改革、基于大数据的商科教育质量监测与评估、商科专业科研创新、教育教学改革、人才培养与就业指导等展开研究，提供一站式智库服务。

同时，项目组在研究过程中忠实记录基础事实、典型经验和案例，凝练展示成都工业职业技术学院财经管理学院新商科智慧学习工场建设成效经验，一方面推广新商科智慧学习工场建设在高职院校实践的创新理念和做法，为国家发展战略贯彻落实、现代经济体系建设、职业教育创新发展和人才培养质量提升发出高职院校新商科教育的声音。同时，也为其他职业院校开展新商科智慧学习工场建设提供范式参考。

因需而智，即以需求为逻辑起点、以智能化设计为手段、以学生个性化成长为价值追求，重塑教育和学习生态。智慧学习工场则是基于因需而智理念，个性化提供具备智慧学习、智慧管理、智慧数据展示等功能的“互联网＋”智慧学习平台，可应用到不同的学科专业领域。新商科智慧学习工场就是智慧学习工场在新商科教育中的创新性应用，它基于商科类学科专业集成和全要素资源场景化、智能化、数字化构建，将传统商科类学科专业内整外跨，在多场景下实训课程供应链的“真实”实验室中，以商科学习者能力本位为成长主线，使其不断提高、自我成长，获得一定能力和素养，是具备产教融合、开放连接的空间结构、自我进化的创新生态等属性的商科教育的内核平台。

新商科智慧学习工场建设立足智慧学习时代的不可逆性，应对新时代中国特色社会主义的发展对国民素质的挑战、人民群众日益多样化的教育需求对办好人民满意教育的挑战、新一轮科技革命和产业变革对商科教育的挑战，着力解决学生成长流程与动力、人才培养机制、学校内部建设、学校与外部协同等方面的不足和困境，将先进技术革命成果与产教融合、科教融合机制有机结合，充分发挥市场配置资源优势，重新定义未来学校新形态、新学习、新场景、新课程和新流程，设计定制化新商科智慧学习工场创新实验，打造无处不在的学习和创造空间，推动产教融合向更广泛、要素更聚集、模式更灵巧、载体更丰富、内涵更兼蓄的方向演化升级，引领商科教育改革和创新发展。

第一章　基于因需而智理念的智慧学习工场解构

智慧学习工场是教育部学校规划建设发展中心应对智慧学习时代不可逆性和人民群众日益多样化的教育需求而提出的创新理念和实验，是面对未来教育形态变革、学校形态变革中一个创新性探索。智慧学习工场不单纯是某个学科专业的智慧教育，而且是因需而智提供具备智慧学习、智慧管理、智慧数据展示等功能的“互联网＋”智慧学习平台，是基于学科专业集成和全要素场景的建构，具备以能力为本位的成长流程，灵巧学习和智慧运行的基础机制，产教融合、开放连接的空间结构，现场和虚拟教育的融合方式，自我演化的创新生态等特点的高等学校的内核平台，能够为学科专业科学化纵深发展提供平台支撑及技术服务。

第一节　因需而智理念

一、以需求为逻辑起点

在以互联网、大数据、人工智能等为代表的全方位科技革命引爆经济社会大变革大发展的时代背景下，教育的基本逻辑也随之发生嬗变，学生需求成为确定教育供给的逻辑起点。在进行教育供应链设计时，教育内容、教育方式、教育保障等教育要素不再是可以由计划部门主观预测所决定的常量，而是由在特定经济社会环境下学生需求所决定的一个因变量。这要求教育供给完成一个逻辑上的、完全逆向的思维方式转变，即必须以教育所涵盖的学生需求作为约束条件，进行规划设计和供给服务。

新时代的教育，必须把握好新一代青年的身心发展需求、认知规律与特点，从理念上、制度上“以人为本”“以学生为中心”对青年一代进行价值观、知识、能力建构，以培养担当民族复兴大任的时代新人。

二、以智能化设计为手段

发挥“互联网+”作用，以人工智能为核心推动5G、大数据、VR/AR、区块链等技术综合集成，以学生为中心，围绕学生成长动力与流程、人才培养机制、学校内部建设、学校与外部协同等多处痛点，以需求导向明确、应用场景广泛、产业支撑强劲为基本原则和切入口，打造现场和虚拟教育的融合平台，人工智能、大数据和区块链结合的基础平台，灵巧学习、集成化场景、全域感知、数字化评价、智慧管理等有机结合、自我演进，使校园和教育教学的时空维度得到拓展，教育扩展到家庭、工厂、社群、产业等更广阔的社会自然环境，在更高的学习时空维度，构建个性化智慧学习空间，为学生进行自主学习、多元化学习提供条件，促进学校、企业和园区优化提升，推动普通高等教育和职业教育进入到智慧教育的新时代。

三、以个性化成长为价值追求

因需而智的终极目标和价值追求，就是促进学生个性化成长，要求针对个体学生特定的学习需求、学习基础、学习风格以及文化背景提供一系列有针对性的教学方法和技术支持服务，其本质是在尊重个性的基础上对学习方式的一种创新与实践。通过提供丰富的在线学习资源和不同的职业环境，使得学生自主、随时学习成为可能；通过个体行为偏好与特征的大数据分析跟踪，确定学生所需学习资源类型，建立个性化学习模式，使学习更具有针对性、主观能动性，培养学生自我管理、自主学习、自主思考和创新能力；通过智能化评价反馈系统记录学生的学习基础、速度、进度以及交互情况，使系统内部、系统之间、系统和外部环境之间建立畅通无阻的控制与反馈渠道，为学生进一步高效学习提出建议。

这种学习与教育模式、唤醒、凸显学生的主体意识，驱动、激励学生自主学习，关注学生的心智、能力建构的流程、机制、方式等全要素，为学生灵巧学习和终身学习提供条件，最终实现学生个性化全面发展。

第二节　智慧学习工场的内涵与类型

一、智慧学习工场的内涵

智慧学习工场是在新技术革命和产教深度融合背景下，在因需而智理念指导下，以颠覆传统学习模式、促进学生个性化成长为终极价值追求而进行的智能化设计，可以从智慧学习、学习工场、智慧工场来“组合”认识，“细颗粒度”地把握其内涵与外延。

1. 智慧学习工场之智慧学习

智慧学习工场塑造新型智慧学习。对接经济社会发展和个人发展需求，设计学生能力图谱和流线。以人工智能为核心，推动5G、大数据、VR/AR、区块链等技术综合集成，聚焦课程、记录和评价三个要素，以数字化智能化平台为依托，以学生为中心配置学习资源，设计教育流程，推动灵巧学习、集成化场景、全域感知、数字化评价、智慧管理等有机结合、自我演进，为学生多样化、个性化成长建立教育供应链体系，打造学生永不毕业的学习时空，因需而智，终身服务。

2. 智慧学习工场之学习工场

智慧学习工场是新型学习工场。彰显产业链、创新链、人才链、教育链“四链融合”特征，依据新型人才培养要求而构建，是一个打破学科专业界限、学习层级界限、功能界限、校企界限、地理界线、行业界限的贯穿式教育创新平台。智慧学习工场广泛的互联与协同将逐步形成未来教育体系框架，进而以全面发展、能力本位为目标，不断发展新的学习方式、课程体系、评价标准和发展机制。

3. 智慧学习工场之智慧工场

智慧学习工场是新型智慧工场。教育、人才、科技、产业和信息等要素更加充分和广泛聚集、融合、互生、共享，打造智能技术制高点，构筑新一轮科技革命和产业革命中改变人类生产生活方式的重要引擎和颠覆性技术体系；通过人才培养、成果转化、管理创新，加快构建以人才和科技为支撑、以创新驱动为核心的创新生态系统，为数字化、智能化时代的工场和企业提供新的基础架构，成为孵化创新、引领企业未来发展的重要力量。

4. 智慧学习工场：智慧·学习·工场融合演化

智慧学习工场是一个全新开放的新型教育实验平台。智慧学习工场是以学生为中心，基于学科专业集成化的架构，以灵巧教育为载体，设计全新的场景、流程和机制，具备以能力为本位的成长流线，产教融合、开放连接的空间结构，现场和虚拟教育的融合方式，人工智能、大数据和区块链结合的基础平台，需求引领、自我演化的创新生态等特点的高等院校的内核平台。智慧学习工场具有因需而智、集成为核、能力本位、灵巧学习、高度跃迁、动态感知、数据智能、开放众筹、无限连接、互联共享、自主演化诸多重要属性。

二、智慧学习工场的类型

从建设主体和功能定位两个维度，可简要把握智慧学习工场的类型特征。

1. 按照建设主体划分

智慧学习工场牵头建设主体可以是传统教学单位，包括高等院校和部分科研机构（如设有学位点的科研机构）；也可以是非传统教学单位，包括企业、科技园区、高新技术产业开发区等。这些类型的智慧学习工场何以可能？以产业园区型智慧学习工场为例，其以人力资本为核心机制吸附各类创新资源要素，围绕产业转型升级和技术进步，实现人才、教育、科研、信息、资源等各类创新要素的叠加、放大、演化，打造区域产业发展的新引擎。同时，智慧学习工场本身也具备技术集成、创新演化和智能化特征的创新驱动核心，通过建立创新机制带动整个园区的创新和成果转化。

2. 按照功能定位划分

智慧学习工场可以围绕单一功能进行组织，比如针对产业链环节中某单项能力进行短学制培养；也可以贯通人才培养全过程，比如长学制全日制的学历学位教育；还可以涵盖综合功能，比如人才培养、生产、研发、社会服务、文化创新等。因此，智慧学习工场的功能定位可以分为单一功能和综合功能，其中单一功能又分为短周期导向和长周期导向，综合功能默认为全周期导向。

综上，智慧学习工场的类型描述如图 1 – 1 所示。

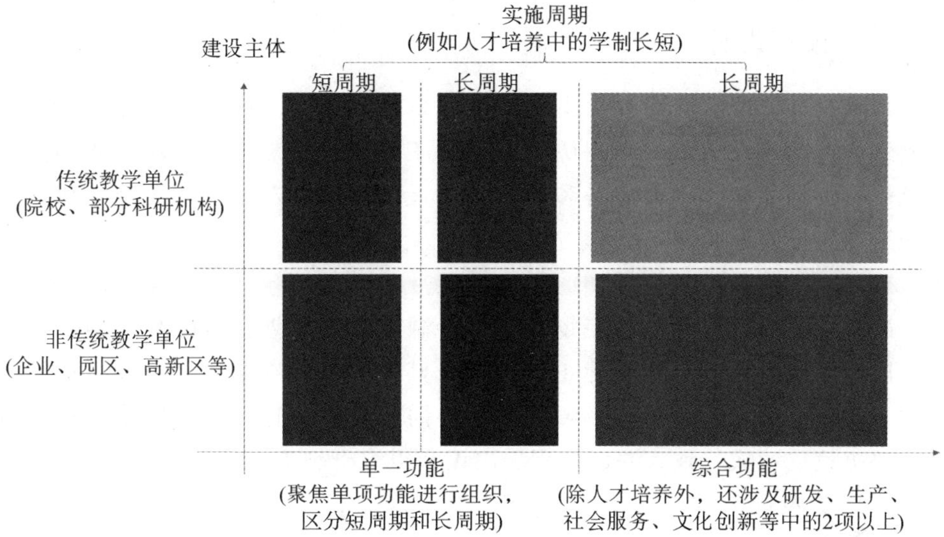

图 1－1　智慧学习工场的类型

第三节　智慧学习工场的建设要素及标准

智慧学习工场建设，即院校、企业、产业园区、科技高新区等围绕流程改造、场景构建、机制探索、底层架构设计、共享核建设、新型空间打造，采取按照相应标准自建或委托专业机构共建的方式，从顶层设计、体制机制保障、赋能学习主体、智能基础设施体系和开放融合生态 5 个维度、共 18 个建设要素展开，如图 1－2 所示。

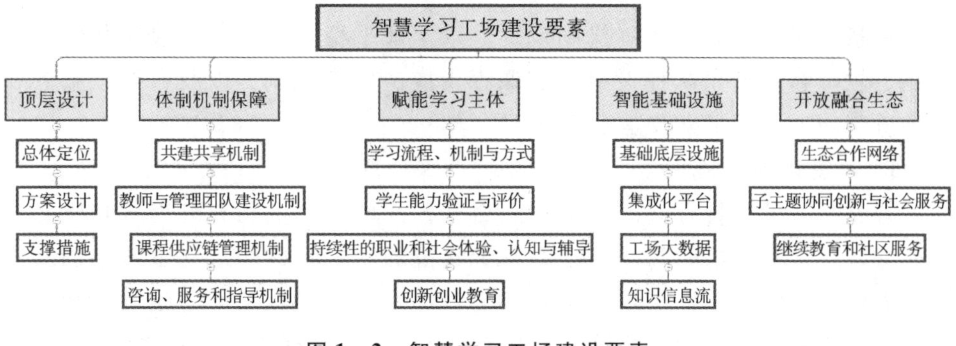

图 1－2　智慧学习工场建设要素

一、顶层设计

顶层设计，即从全局视角出发，运用系统论方法，对智慧学习工场各个要素进行统筹考虑规划，以保障智慧学习工场建设理念一致、功能协调、结构统一、资源共享、要素完备和协调发展，包括总体定位、方案设计和支撑措施三项建设要素及基本要求。

1. 总体定位

建设主体确定智慧学习工场总任务，制定总体规划，明确其类型、特色和阶段性发展目标。智慧学习工场方案及其实施与所在学校、企业、院所或基地、园区等的总体目标相一致并发挥协同效应。智慧学习工场建设和实施在相关决策层达成一致，并以章程、决议和组织机制落实共识。

2. 方案设计

智慧学习工场基本方案接受教育部学校规划建设发展中心审核，建设主体按照基本方案及教育部学校规划建设发展中心的指导形成具体分解实施方案，制定时间表、路线图。基本方案每年根据教育部学校规划建设发展中心的指导进行更新并建立相应实施机制。

3. 支撑措施

建设主体建立智慧学习工场决策机制、运行机制，联合建设方设立联席决策和执行机构，保障智慧学习工场推进。建设主体保证智慧学习工场的建设资金，制定有效经营方案保障运营经费，保证项目可持续发展。建设主体配备相应的团队和合乎资质的专业人员，并对所有人员进行培训，确保所有人员均了解智慧学习工场的要求和各自的职责。

二、体制机制保障

智慧学习工场通过体制机制设计，以保证平稳长效运行，包含共建共享机制、教师和管理团队建设机制、课程供应链管理机制，以及咨询、服务和指导机制四项建设要素及基本要求。

1. 共建共享机制

智慧学习工场具有共同价值观和目标，并以有效机制和流程告知所有参与者。智慧学习工场的利益安排不基于收益的简单转移而是基于通过创新创造更大价值。包括学生在内的所有参与者都是智慧学习工场的建设者和利益攸关方，应制订清晰的规则保证所有劳动者和贡献者获得相应利益保障。

建立机制确保教师和学生的申诉、意见和建议得到顺畅传递并及时获得反馈。设定独立的激励制度，保障教师和学生对智慧学习工场的贡献。

2. 教师与管理团队建设机制

建立基本适应智慧学习工场要求的师资结构，其中应用型、技术技能型项目中“双师型”教师达到50%以上。采取工作室、实验室、创新团队等方式形成多样化团队组织。制订符合发展要求的科学的师资结构与素质短、中、长期目标及实现这一目标的机制和条件保障。

教师中有一定兼职教师比例，且兼职教师应具有丰富实践经验或显著高于既有教师水平。专业教师每年培训时间不少于50个学时，并且培训主要采取实战化的方式。管理团队中至少有1人具备行业管理经验，1人主管数字化智能化平台建设。管理团队和专职教师履行一岗双责，明确其在承担专业任务时应当履行开展思想政治教育和职业道德教育的责任。学生具有评价教师和管理团队的权利，这种评价应通过多元化、常态化的方式进行。

3. 课程供应链管理机制

建立以课程模块为核心，课程—课程模块—专业集群的基本架构。专业课程由多元主体共同提供，涵盖企业、科研机构、行业部门等多个知识供应主体。通过课程模块的组合和开放的课程供应链支持复合型人才培养。

智慧学习工场的课程同时提供给同一教育机构的其他院系、其他教育机构和其他智慧学习工场，至少10%的专业课程成为其他机构的课程供应者。

建立鼓励教师、企业专家、科研专家和专业课程机构提供创新型课程的机制。对接最新知识技能前沿，及时更新课程，保证知识供给增长（每年至少保证10%的新课程供给增长）。

制订实时动态调整的课程管理制度，打造金课，淘汰水课、陈课、旧课（每年已有课程得到更新或淘汰比率达到50%）。

4. 咨询、服务和指导机制

智慧学习工场具有合格的持证咨询师提供驻场的指导、咨询、诊断和改进服务，其中自主申报的智慧学习工场有不低于1名持证咨询师；授权建设的智慧学习工场有不低于2名持证咨询师，每名咨询师驻场服务累计时间不低于20个工作日。

提供有效服务的持证咨询师要实时更新知识储备，按照教育部学校规划建设发展中心动态管理机制不断提升管理、咨询、指导和服务能力，其中持证咨询师每年参加线上培训并取得合格证书，或参加不低于3天的培训，并且每3年应当重新培训取得证书。

三、赋能学习主体

智慧学习工场以学生为中心，驱动和激励学生自主学习，以学生能力发展为本位，服务人的全面发展，涵盖学习流程、机制和方式，学生能力验证与评价，持续性的职业和社会体验、认知与辅导，以及创新创业教育四项建设要素及基本要求。

1. 学习流程、机制与方式

支持和帮助学生确定个性化职业发展目标和学习目标，长学制的学生每一学年或一个学习阶段结束后辅导一次。具备以目标为导向、以能力为本位的清晰的学生学习和开展教学活动的流程设计，建构清晰的学生能力成长流线。

将职业体验、知识准备、基础训练、合成训练和创新创业以连续统一和交互融合的方式构建成教学流程，形成培养计划和方案。流程设计体现在以创新实践为引领原则，在所有专业课程（或课程模块）中均体现理论和实践课程有机结合，以案例、研究、实践为特征的课程应当占到专业课程数的80%以上。

研究确定与学习领域相适应的当前最佳的学习方式组合并落实到课程设计和人才培养流程中。至少采取师生工作坊、多年级混合团队、多学科混合团队、远程学习团队、不同类型学生混编学习、虚拟工作室或公司等其中的3种方式丰富学习方式。空间、场所、设备的管理制度支持学生自主学习和开展多样化学习活动。

课程、考试以及其他的教学活动按照激励和驱动学生自主学习的机制来设定。自主学习和多样化学习成果纳入到学习评价中，给学生以明确的激励。对学生特别是有困难的学生设置能够激发兴趣和提升信心的学习导入课程和方法。

2. 学生能力验证与评价

学习总目标按照智慧学习工场提出的能力模型来设定能力发展目标。每一门专业课程和课程模块以能力为目标设定课程结构、内容、流程和评价标准。

长学制学习每年为学生进行能力诊断并制订能力发展规划，将能力合成训练作为关键学习内容，考核职业能力的完成度。短学制学习则将能力合成训练作为牵引目标。

导入行业权威证书，保障80%以上的学生（包括长学制学生和专修证书课程的学生）获得证书。逐步发展以区块链技术为核心的能力发展记录、评价和认可体系。

3. 持续性的职业和社会体验、认知与辅导

智慧学习工场的场景和文化建设包括社会主义核心价值观、产业文化和职业道德的相关内容。职业体验和认知、就业指导和支持贯穿始终，设计在整个人才培养流程中，采取多样化的方式开展。职业体验、认知能够不断深化学生对职业的认识，持续明确学生职业发展目标，明确学习和能力成长需求。在教学中充分体系主要服务领域的职业准则和职业文化。

在专业教育中融入职业道德教育，体现在智慧学习工场环境设计中，进入课程内容并明确教师的职责和行为规范。鼓励学生参加社会实践、游学、志愿者活动及其他社会学习和体验，并作为学生评价的组成部分。

建立就业服务网络，使学生在职场的竞争力具有显著优势，毕业生起薪与同区域同类学科专业相比至少高10%。

4. 创新创业教育

创新教育与专业教育融合，在每门专业课程或课程模块中体现创新精神、创新思维和创新方法论，并逐步全面实现以创新实践引领专业教育课程设计。

将设计能力作为创新创业能力的重要内容，在创新创业教育和活动中培养不同类型的学生具备可行性的模型、方案、项目和流程的设计能力。

学历教育的学生在就学期间，80%以上都能够参与实质性的创新创业活动，并从学生的第二年开始就有机会参与这类活动。为其他学生开设与其未来从事的职业相称的创新方法和工具的指导和辅助课程。

将创客空间、创新工场融入智慧学习工场的基础设施和场景建设中。将智慧学习工场的空间、设备和相关资源开放给有计划和自主开展的师生创新创业活动。90%以上的创新创业活动都基于智慧学习工场的专业化教育产生。

同时，智慧学习工场建立创新创业活动的促进、培育、测试、评价和支持机制，建立科学流程，保障创新创业活动质量。

四、智能基础设施

智能基础设施是智慧学习工场建设的物质基础，包括校园软硬件环境、大数据设施、知识信息流载体等智能物质条件，以衔接物理空间与数字空间。

基于此，智能基础设施涵盖基础底层设施、集成化平台、工场大数据载体和知识信息流体系四项建设要素及基本要求。

1. 基础底层设施

具备保障集成化平台建设的空间条件，原有空间不能满足条件则通过改建或有效资源配置方案满足基本需求。配备相应的智慧教室以及自主学习、交流讨论等必要的功能空间。

具有完善的互联网、物联网设施，移动互联网实现全覆盖，学校有光纤接入互联网或教育城域网，班均出口带宽达到10M以上。形成通过传感器、接触式互动、非接触式互动形成的感知系统。

2. 集成化平台

适应学习和创新需求的按照创新链、产业链设计的场景以及软件、系统、设备和技术，或者接近真实生产服务和创新，或者通过数字化、智能化系统满足需求。核心装备、技术或软件系统具有先进性，不低于或高于所服务的行业和企业的先进水平。核心装备、技术或软件系统的使用率不低于100%（按每天8小时计算）。

满足相关创新链、产业链多学科多专业复合型人才培养需要；满足开展实质性创新工作需要，场地、技术、设施将学习和创新活动需求统筹规划、融合设计；满足实时培训和继续教育需要，场地、场景和条件同时支持学历和非学历教育；满足面向学校和社会的技术服务、社区服务、智库建设、教育和文化服务中的任意一项需要。

形成建设以人工智能、大数据和区块链为核心的智能中枢系统的工作方案，已经进入开发阶段或初步使用阶段。

3. 工场大数据

确保智慧学习工场所有的数据得到存储并且安全备份。数据的标准应当统一，国家有统一标准的遵循国家标准，智慧学习工场有统一标准的遵循智慧学习工场标准，没有统一标准的自行制订标准。

支持多类型的数据源转换与连接，包括关系数据库等结构化数据、XML文档等非结构化数据，在这些数据源基础上建立统一的数据视图，提供对信息资源的透明访问，以及数据共享、复制和迁移。

为学生提供数据服务以评价和改进学生的学习，基于用户特征的推荐式学习交流系统，对课程设置、实施、评价进行数字化管理和数据收集，运用教与学过程大数据，实现教情、学情的及时精准反馈，为学生提供个性化的学习路径和资源服务，实现个性化学习和因材施教。

为教师提供数据服务以评价和改进教师的工作，教师教学空间融入数字化教学平台，教师可使用对应资源开展教学活动，利用行为分析系统实施精准教学。为合作伙伴提供数据服务，以评价和改进合作伙伴的工作。

确保开展常态性智慧学习工场运营数据分析，充分利用大数据实现智慧学习工场发展。持续不断地增加数据源，每年至少增加一项数据源。

4. 知识信息流

建立集中的知识和信息管理平台以及有效的分发机制，确保所有的学习、研究和实践应用得到有效的知识和信息服务。与主要的政策信息、产业信息和专业知识平台建立连接，确保外部知识、信息接入的畅通和及时。

所有教学、学术和研发活动的成果、资料得到有效保存和整理，并在知识和信息管理平台上得到有效利用。

建议以数字化、分布式管理为特点的核心图书、报刊、杂志及其他学术和信息资料的管理机制，确保所有学生都能够便利地使用。

五、开放融合生态

智慧学习工场的开放融合生态，集人才培养、产业支持、文化传承与创新和社区服务等多种功能，连接行业、企业、社区、高校及其他教育机构和广阔的知识和信息世界，形成创新生态系统。基于此，开放融合生态包括生态合作网络搭建、协同创新与社会服务、继续教育和社区服务三项建设要素及基本要求。

1. 生态合作网络

智慧学习工场至少与一个行业（部门）建立协作关系并取得相应的业务指导。智慧学习工场向所有符合条件的企业、科研机构和其他业务关联单位开展合作关系，其中至少有一家是全国或区域（取决于智慧学习工场的定位）行业领先的机构或设立合格智慧学习工场平台的专业化服务组织，同时合作机构必须实质性参与“制定培养标准，开发课程或提供合规的课程服务，提供实习实训基地，提供课题或项目，支持创新创业，合作开展继续教育，作为研究机构或智库的成员等”中的至少两项。

智慧学习工场在合作伙伴场所共同建设的分支机构、实验室、创新中心、实训基地等组织以及在合作伙伴场所开展的实习实训、课题研究、项目研发、创新创业等活动，纳入智慧学习工场的实质性管理，并逐步使这种管理在数字化、智能化平台上实现。

智慧学习工场积极引入大师工作室、院士工作站、博士后工作站或重大创新平台的分支机构或与之建立密切合作关系。与本学科内的学术组织建立对话和合作关系，并与国际学术组织进行交流合作。

2. 协同创新与社会服务

建立以智慧学习工场为中心的广泛参与的协同创新网络，同时基于集成化平台、生态合作平台和互联网平台开展创新活动。

协同创新所获得的资助和创新转化所获得的收益，达到初级水平；按专业教师平均计算，以研究生教育为主的人均不低于 50 万元，以本科教育为主的人均不低于 20 万元，以专科教育为主的人均不低于 8 万元，并保证年均 10% 的增长。

具有较为完善的新产品、新技术发布制度、知识产权管理制度和创新创业激励制度。协同开展科技和社会服务，包括平台服务、人力资源服务、售前售后技术服务、信息服务、检验检测服务、认证服务、实验服务、生产加工服务等，达到初级水平；按专业教师平均计算，以研究生教育为主的人均不低于 30 万元，以本科教育为主的人均不低于 10 万元，以专科教育为主的人均不低于 3 万元，并保证年均 10% 的增长。

3. 继续教育和社区服务

将继续教育和培训作为重要功能，与同类学科专业集群的非智慧学习工场相比，获得政府和行业的显著支持，其中包括学历教育服务的智慧学习工场，继续教育和培训收入与学历教育收入比达到 1∶3 以上。

建立对毕结业学生的继续服务机制，中长学制学生继续教育的留存率达到 30% 以上，短学制学生的继续教育留存率达到 10% 以上。向社区开放服务，设立社区开放日，并为社区以及中小学提供公益或收费的课程。

第二章　新商科人才培养呼吁建设智慧学习工场

新商科，作为一种在新技术、新产业、新业态带动下出现的商科新形态，催生出以产业与教育融合、专业与科技融合、理论与实践融合为典型特征的新型商科教育模式，颠覆了传统的商科教育模式和形态。在这种“新”商科教育模式下，传统的教育教学模式、方法和路径难以为继，亟须进行适应性改革创新。基于此，分析新商科教育的时代嬗变和人才成长素质特征，找出新商科人才培养逻辑，在教育部学校规划建设发展中心智慧学习工场建设理念和标准的指引下，探索建设新商科智慧学习工场，必要且紧迫，是必须审慎思考的重大课题。

第一节　商科到新商科的时代嬗变

改革开放以来，商科教育为我国工商业企业、金融业及企事业单位培养了大量的人才。进入 21 世纪，科学技术的快速发展促使人类社会在国际政治、经济和产业等方面发生了深刻变化，整个世界正面临着百年未遇之大变局，传统的商科教育已经难以适应新时代发展的要求，亟待新的转型和发展。

一、传统商科教育特征

1. 专业界限明确、人才培养目标维度单一

商科教育现有学科专业是建立在社会分工细化、专业化水平高的机器大工业基础之上的，批量生产、批量销售的产销模式促使专业划分越来越细，专业面越来越窄。由于学科独立、自成体系，许多学校将主要精力用在学科专业数量的增长上，而忽视了学科专业之间的交叉融合、建设发展，学生跨

专业辅修和选修课程的覆盖面小。在教师层面，更多的教师着重于研究本专业领域内的理论，忽略了参与社会实践服务活动，对跨专业或涉及交叉学科的知识关注、研究不足。

传统商科教育人才培养的技能和能力培养目标维度单一，培养口径狭窄。比较关注本专业理论知识和技能的掌握，对学生的评价也主要基于学生学习成绩，忽略了对学生跨专业素养、综合素质和能力的培养和考核，对于如何提高综合实践能力缺乏有效的手段。人才培养目标与产业需求脱节，人才素质结构与社会需求存在结构性矛盾。

2. 信息技术与课程融合度不高

新一代信息技术驱动商业变革，推动传统产业转型升级的同时衍生出新型业态，企业人才需求发生重大转变。高等教育是培养人才的主战场，信息技术之于课程教学大致有三个层面的应用。其一，“技术 = 课程”，将信息技术直接作为教学课程，引导学生掌握实际的信息技术方法；其二，“技术 + 课程”，课程是主体，技术是辅助，将课程内容通过技术手段进行呈现，如视频、动画等可视化手段；其三，“技术 × 课程”，关注信息技术与商业行为融合的节点，技术与课程充分融合，打破传统课程理论界限，重构课程内容、形态、模式。现实情况是，众多高等院校仍然停留在“技术 = 课程”“技术 + 课程”的层面。随着信息技术与商业社会、商业模式的充分渗透，不仅是企业需要转型升级，岗位及人才更要转型升级。高等院校亟待创新开展课程建设，从商业环境和企业岗位应用现状出发，开发信息技术与商业思维及商科课程充分融合的新课程，发挥技术与课程的加成效应。

3. 产教融合与工学结合浅表化

工学结合的教育模式起源于英国，至今已经持续发展了 100 多年，我国自改革开放开始学习国外合作教育的经验，产教融合的提出为职业教育人才培养带来新的契机，但仍然面临不少问题。主要表现在，随着产教融合政策的逐步建设，大部分职业院校陆续开展了一系列的试点实践和探索，然而事实上职业教育产教融合更多停留在表面的会议、签订协议以及少量的实习实训和订单就业上，校企合作缺乏深度，产教融合实践不免流于形式。就商科教育而言，围绕产教融合实训基地展开的校企合作、专业建设、学生实训、实习就业等一系列活动，仅仅针对分散的多个教育要素，缺乏将行业、高校、企业资源整合集成的平台化、整体化思维，没有实现真正意义上的产教融合。

4. 人才供给与产业需求相去甚远

在数字经济背景下，以知识密集、跨界融合、快速发展为特征的新兴产业，重塑着劳动力市场架构，企业对人才的技能要求已发生深刻转变，集大数据技能、管理决策技能于一体的复合型新商科人才成为当前企业发展刚需。目前高等院校在商科教育上仍然遵循传统的教育理念，固守以知识传授为主要目标的教育模式，侧重于理论知识的掌握，未切实了解到市场实际需求和未来人才培养趋势，在人才培养、课程设置、专业设置等方面无法与区域经济社会的支柱产业有效衔接，人才培养方式以及教学过程滞后于企业的人才发展需求，人才培养规格无法契合区域经济社会发展的需求，导致高等院校人才培养与社会需求之间出现了严重错位。

二、从商科到新商科的演进与发展

1. 国家战略引领教育发展方向

随着社会发展和经济全球化的进一步加快，各国经济依赖程度加深的同时国际市场竞争也日益激烈。习近平在中国共产党第十九次全国代表大会上的报告指出：建设教育强国是中华民族伟大复兴的基础工程，要坚定实施科教兴国战略、人才强国战略、创新驱动发展战略，把教育事业放在优先位置，深化教育改革，加快教育现代化，办好人民满意的教育，培养造就一大批具有国际水平的战略科技人才、科技领军人才、青年科技人才和高水平创新团队。高等教育是培养高级专门人才和职业人员的主要社会活动，是社会发展的重要依靠与动力之源。高等院校在人才培养过程中发挥举足轻重的作用，贯彻落实国家战略、快速响应新时代、新技术对教育改革的号召，培养未来经济发展的主力军成为高等院校义不容辞的使命。

2. 新文科建设带动新商科萌芽

国际形势纷繁复杂，社会思想风云激荡，新科技革命和产业变革正在重构人类的生产方式、生活方式和价值理念。新时代、新形势呼唤高等文科教育的创新发展。教育部高等教育司司长在《奋力开辟中国高等教育新境界》一文中首次提出启动实施“六卓越一拔尖计划”2.0，推动实现新工科到新医科、新农科、新文科的全面拓展”。文科的范畴涵盖哲学、文学、经济学、法学、教育学、管理学等多种学科门类，新文科建设面向我国在治国理政、经济建设、生态文明等领域的创新实践，以新目标、新模式、新课程、新团队构建学科建设发展新方案，培养适应社会发展与科技进步的新人才，解决新时代、新业态、新环境提出的新问题。在新技术引发商业变革与新文科发展日趋蓬勃的双重驱动下，新商科呼之欲出。

3. 新技术集群突破倒逼商科教育转型

“十三五”至“十四五”时期是我国教育领域综合改革深入推进的关键期。《中国教育现代化 2035》提出了推进教育现代化的八大基本理念：更加注重以德为先、人的全面发展、教育面向人人、因材施教、终身学习、知行合一、融合发展、共建共享。提升一流人才培养与创新能力，加强创新人才特别是拔尖创新人才的培养，加大应用型、复合型、技术技能型人才培养比重。新技术驱动新商业，新商业孕育新职业，新职业需要新商科，建设新商科服务新商业，已是顺应商业变革的大势所趋。新商科教育要在现有商科发展的基础上，回应科技、社会、经济所带来的挑战，打破知识边界，融入科技多元化元素让商科教育焕发新的活力。

一是新技术催生新经济。每次技术的大进步，均会带来新业态的产生。互联网、云计算、大数据、人工智能、5G 等新技术与应用模式正深刻改变人们的思维、生产、学习方式，Facebook、微博、微信等极大地改变了人际交流方式和商业服务业形态，从无人驾驶汽车到无人机、从虚拟助手到语音识别，人工智能等技术随处可见，它在更大范围、更深层次上改变着我们的生活。新技术引导新产业，新业态激发新活力，新消费缔造新变革。

二是新经济催生新知识、新技能。新经济带来了人才市场需求的新变化，特别是随着技术创新、模式创新、管理创新的普及和应用，人工智能对企业运营的改变，使得业务流程自动化、管理智能化，各行各业面临的是转型和技术升级，人才需求结构发生了改变，即对人才的岗位设置、工作流程、工作要求都相应地发生了改变。因此，高校的人才培养也需要同时在质量、标准、技术、目标、体系、教学、生态等方面进行改变，构建适应现代社会需要的人才知识、能力储备体系，加快培养熟悉“大智移云”技术的新制造、新零售、新服务等应用型、复合型、创新型的人才。例如，为适应技术改变认知、改变行业这一新形势，会计专业中应强调以手工为主的“账房先生”的职业技能向互联网时代“管理战略型会计”技能转变。

三是新知识、新技能推动商科教育变革。互联网、大数据、人工智能、区块链、5G 等新技术集群性突破已经动摇了传统教育体系存在的基础，解除了工业化时代以来形成的现代学校所有的技术限制，奠定了新的教育形态和学校形态的技术基础。这种突破一方面深刻改变了整个社会的生产方式和生活方式，从而带来高等教育和职业教育人才需求结构和类型的变化；另一方面，新技术的集群突破对商科教育活动本身，如学科专业设置、课程供给方式、教学和学习方式，甚至是教育的时空结构都会带来深刻影响。“新技术集群＋教育”将开启一种全新的教学模式，给商科教育领域带来颠覆式的变革。传统教育模式受到时空限制，教学效率降低，一位优秀老师也只能同时教授几十人，最多是几百人的大课堂，难以面面俱到。然而，5G技术打破了时空界限，一位老师就能同时给数万、数十万学生上课，而且在线直播互动从感官上更加接近于线下“老师—场景—学生”的培训服务模式，直播提供的语言环境和互动场面能够为学生提供浸入式的学习体验，极大提高学生的专注度，对引导学生探索性学习和兴趣性学习，提高学习效率和效果有重要意义。

基于上述讨论，新商科教育变革主要方向为：

（1）新技术、新场景。基于互联网、人工智能、智能制造等支撑智慧教育的新技术。商业人才培养的场景将会动态更新，让学生看得见、摸得着、听得懂、学得会。如AI技术可以助力新商科教学，通过移动化教学终端，帮助采集教学数据，为因材施教提供基础；通过VR/AR等虚拟仿真技术，为新商科教育提供便利的理实一体化教学工具；通过智能助教等技术，提升教学服务的可获得性与整体质量。

（2）新专业、新课程。将场景、角色、动作、工具融合，打通专业壁垒，建成跨专业的综合性课程体系。新课程在内容实用性、课程系统性、学习行为的数据化、教学设计的趣味性、内容的挑战性和技术平台的先进性等多个方面全面进化。实现课程具有全息商业环境还原，沉浸式教学设计，并支持量化的能力评价，最终在学业结束时提供完整的学生能力评价报告，从而提升整体的教学水平和质量。

（3）“双师型”教师队伍的建设。具备良好的“经济素养”，掌握行业、企业管理规律，按照市场调查、市场分析、行业分析、职业及职业岗位群分析，调整和改进培养目标、教学内容、教学方法、教学手段，注重学生行业、职业知识的传授和实践技能的培养，能进行专业开发和改革适应新商业发展要求。

加快新商科教育改革，打造出适应新商业环境的“新商科”人才培养基地，可以更好地实现教育服务经济的功能，为实施“中国制造2025”“中国教育现代化2035”等战略方针提供强有力的人才支撑。

第二节 新商科教育及人才素质成长特征

一、新商科教育

以移动互联、大数据、云计算、区块链等为核心特征的新技术，广泛驱动生产工艺技术的颠覆性变革和经济社会体系、商业环境模式的深度重构，开启了数字经济的大发展时代。而数字经济，又进一步推动商科与工科、管理学、人工智能、统计学、法学等学科的跨界交叉融合，促使商科朝融合现代技术、跨越不同学科的复合型商科——新商科发展。这赋予新商科教育模式以下三重内涵特征。

1. 宏观维度：教育与产业融合

从新商科的跨界融合性质来看，其所培养的人才必然也应该具有鲜明行业特征，这也是数字经济赋予新商科教育的新内涵新要求。因此，新商科教育链和行业产业链深度融合，既是新商科教育的题中应有之义，也是新商科培养行业化财经人才的必然路径。新商科教育聚焦产业发展动态，主动走进行业企业吸收先进知识与技术，将其转化为教育教学内容，并不断随着产业发展变化进行动态调整，始终保持同产业发展的血肉联系。

2. 中观维度：专业群与科技融合

落脚到专业建设上，新商科教育体现为专业与科技的深度融合。云计算、大数据、区块链等新兴前沿技术，带动了生产技术、管理工艺、经营模式变革，进而驱动了新业务模式、新技术应用、新产品服务。这些新技术及其带来的新业态、新模式、新服务都是新商科专业人才培养的重要内容，同时又支撑新商科专业教育教学开展并同新兴知识与技术发展同频共振，智慧财经就是一个典型。

3. 微观维度：理论与实践融合

具体到教学层面，新商科教育展现为理论与实践的相互融合和贯通。这种融合贯通是你中有我、我中有你、相互支撑的立体式关系，而并非从理论到实践、理论指导实践、实践检验理论的线性关系。它要求理论教学与实践教学有机融为一体，开展立体化一站式教学，使学生能够在一堂课上既掌握必要的理论知识，又能立即实践操作这些知识，完成理论与实践之间的转化、内化、再现、完善过程，在短时间内形成专业综合能力与素质。

二、新商科人才素质特征

新商科在人才培养上，要求以行业为导向，培养知识技能跨界复合、多种思维交叉融合、终身学习持续发展等鲜明特征的跨学科复合型新商科人才。

1. 行业化

数字经济时代，“大智移云区”等新技术的发展，推动了各行业的技术创新、模式创新、管理创新，业务流程自动化、管理智能化使得企业对人才的知识和能力结构有了更高的要求。新商科人才，不仅需要掌握专业化的技能和知识，更需要理解整个行业产业链、供应链构成，熟悉业务流程、生产工艺、财务制度，了解各岗位、各工种之间的业务勾稽关系，从而具备业财融合的能力。也就是说，新商科人才具有行业化的特征。新技术的发展使得数据的获得、分析与业务的推进实时同步，因此，行业化的新商科人才能通过对数据的跟踪分析，从财务的角度对业务过程进行有效监督、对业务流程提出优化建议，做业务经营方案的提供者和经营风险的预警者；也能从业务的角度读懂财务数据，不断反思改进运营流程和管理制度，促进企业始终保持创新发展的内在动力。另一方面，行业化的新商科人才，更能够适应数字经济时代各行各业的快速迭代，保持职业生涯的可持续发展。

2. 知识技能跨界复合

新商科人才是知识技能跨界复合的“一专多能”的复合型人才。所谓的“专”，即所学专业，新商科人才必须掌握其所学专业，如经济、管理、会计、金融等方面的专业知识和技能；“能”是指掌握跨专业的专业知识和技能。新技术推动新业态、新业务、新模式的发展，新商科人才在掌握专业知识和技能的基础上，还应具备与其工作岗位相关的其他专业能力和技能，做到“多能”，比如应具备较强的数据统计分析能力、一定的计算机编程能力、较强的沟通协调能力和终身学习能力。

3. 多种思维交叉融合

新技术推动新业态、新模式、新业务不断创新发展，要成为适应行业发展的新商科人才，除了具备跨专业的知识和技能，更重要的是思维模式的转变。互联网思维、大数据思维、编程思维、美学思维、哲学思维等都是新商科人才应具备的重要素质。

互联网思维是以互联网技术为标志的新一轮科技革命的产物，是人们立足于互联网去思考和解决问题的思维；它以互联网技术为思维基础，以重视、适应、利用互联网为思维指向，以收集、积累、分析数据，用数据“说话”为思维特点。所谓的大数据思维是指在大数据应用过程中以大数据为视角来分析问题、解决问题的一种思维方式。互联网时代，数据成为重要的生产资料和资本，新技术的发展为数据的获取、分析提供了更好支撑，大数据的多维度、完备性特征为业务创新、产品创新提供了更多可能。因此，新商科人才能够理解开放、平等、共享的互联网精神，能够用互联网思维、大数据思维分析、解决问题，开展创造性的工作。

同时，随着人工智能的发展，一些工作岗位被人工智能取代，但更多的情况是与人工智能协同工作，因此，要学会用“机器”听得懂的语言和它们交流，编程就是这样的语言。产业需要的不仅仅是会编程的软件专业人才，更需要掌握一定编程技能、具备编程思维的产业专业人才。新商科人才就是掌握一定编程知识和技能、具备一定编程思维的复合型人才。编程思维的核心，不是编程语言，也不是语法，甚至不是算法或数据结构本身，而是面对生产经营过程中出现的问题，如何分解问题，从中发现规律，建立解决问题的模型，与软件专业人员协同根据算法写出程序、解决问题。对于新商科人才来说，重点是运用一些简单、常用的软件，如 python 等，进行数据分析、帮助决策，提出优化建议，提高工作效率。

总而言之，新商科人才逐步构建起“数据思维”“交互思维”“哲学思维”“美学思维”，这些不同思维间的交叉融合不但是商业创新的动力源泉，也是商业人才自我发展的基础。

4. 终身学习持续发展

1999 年教育部制定的《面向 21 世纪教育振兴行动计划》中首次提出：2010 年，我国要基本建立起终身学习体系的改革目标。党的十六大、十七大、十八大、十九大报告都提出，要形成终身学习的学习型社会，促进人的全面发展目标。2010 年《国家中长期教育改革和发展规划纲要（2010～2020）》的实施标志着我国进入了全面构建终身教育体系、建设学习型社会的新阶段。改革开放 40 多年来，我国已形成与经济社会发展相适应的终身学习体系，为全民终身学习提供了重要支持，多种数据显示，近年广泛开展的在线教育，尤其是使用移动终端进行学习，已成为人们随时随地学习的一种重要方式。

客观上来说，新技术发展日新月异，各行各业迭代速度加快，知识更新日益加速，要想在信息大潮中不掉队、不落伍，唯有保持一颗求知的心，不断学习新知识、新技能，做到与时俱进。因此，新商科人才应具有终身学习的能力和自觉。跨专业的知识或多种思维方式的融会贯通，都需要通过持续、主动地学习才能获得。学会主动学习、不断探索、学以致用是培养终身学习能力的重要方面，而新技术的发展也让学习的途径或工具越来越丰富，新商科智慧学习工场构建的业财融合生态圈、教育大数据平台等，也将成为学生在校期间以及毕业后学习或继续学习的重要平台和载体。

三、新商科人才成长路线

新商科人才成长，遵循从一专多技能应用型管理人才到应用型和复合型高级管理人才，再到应用型、复合型、战略型高级决策管理人才的成长路线。

1. 一专多技能应用型管理人才

应用型管理人才指扎实掌握本专业的理论知识和技能，并将专业知识和技能应用于所从事的管理工作。他们能够熟练承办日常管理工作和阶段性工作，能够及时掌握了解工作的最新动态和信息，能够充分发挥企业员工才能优势，知人善用，有效地协调公司人力、物力、财力等各种资源，具有较强的业务执行能力和组织管理能力。

2. 应用型和复合型高级管理人才

应用型和复合型高级管理人才不仅在本专业技能方面有突出经验，在此基础上广泛涉猎其他学科专业知识技能，经过整合形成知识复合、能力复合、思维复合，具备较强的创新能力和判断力，可以迅速感知市场变化，组织管理团队进行转型升级，与时俱进，有效地提高企业运营管理水平。

3. 应用型、复合型、战略型高级决策管理人才

在当今高度竞争、高度淘汰整合的市场中，以企业经营力为基础的竞争力和战略构思能力的优劣情况极大地左右着企业经营的成败，具备战略决策思维的高级决策管理人才作为企业的中坚力量在企业经营中占据极其重要的地位，他们的管理能力作为企业重要的战略资源在很大程度上决定着一个企业的销量增长和利润。这样的人才不仅掌握跨学科专业知识和跨领域职业技能，善用信息技术手段，能够对企业数据进行深度挖掘分析，监控企业运营状况，站在企业整体宏观框架和战略规划上提出管理建议，推动战略目标的实现。

第三节　新商科人才培养要求建设智慧学习工场

一、新商科智慧学习工场定义

新商科智慧学习工场是智慧学习工场理念在新商科教育领域的拓展和应用，既具备智慧学习工场的一般特征，又彰显新商科教育特征。首先，新商科智慧学习工场是一个全新开放的新型商科教育实验平台，是以学习者为中心，重新定义未来商科教育的新理念、新形态、新学习、新场景、新课程、新流程、新资源，基于商科专业集成化的架构，以灵巧教育为载体，设计全新的场景、流程和机制，具备以能力为本位的成长流线，产教融合、开放连接的空间结构，现场和虚拟教育的融合方式，人工智能、大数据和区块链结合的基础平台，需求引领、自我演化的创新生态等特点的商科教育内核平台。其次，新商科智慧学习工场不单纯是商科的智慧教育，而是提供具备智慧学习、智慧管理、智慧数据展示等功能的“互联网 +”智慧学习平台，为商科类学科专业科学化纵深发展提供平台支撑及技术服务。

具体而言，是两轴一线三链条模式，如图 2 - 1 所示。

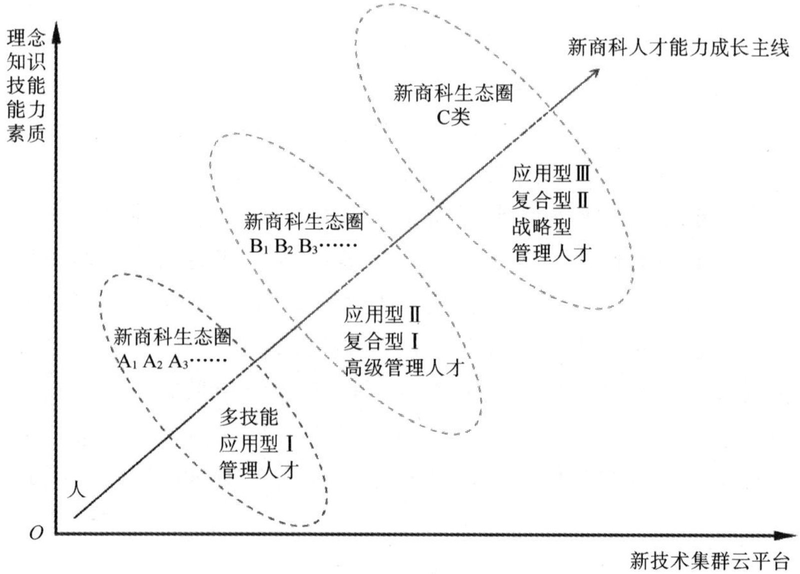

图 2 - 1　新商科人才能力成长示意图

1. 两轴一线

横轴以新技术集群、云平台为依托，纵轴以理念、知识、技能、能力、素质为元素，形成新商科人才能力本位成长主线。

按照人才培养目标的不同，新商科生态圈呈现多样态规格，大致可以分为三类，A 类新商科生态圈为培养一专多技能应用型管理人才，B 类新商科生态圈培养应用型和复合型高级管理人才，C 类新商科生态圈培养应用型、复合型、战略型的高级决策管理人才。

2. 三链条

基于两轴一线构建新商科智慧教育生态圈培养新商科人才，依靠三大链条的支撑实现人才培养目标。

一是课程供应链，即不同阶段课程资源的可开发和自组织。智慧学习工场秉承因需而智、灵巧教育的理念，基于新商科人才能力本位成长的基本规律，开发不同阶段课程资源，并保持课程资源的持续更新和开放性。依托教育大数据平台，基于每个学生在学习兴趣、学习能力、学习基础条件、个性特质等方面的差异，为学生智能匹配课程资源，满足学生自主学习、碎片化学习的需要，实现课程资源的自组织，做到因需而智。

二是师资助能链，即由双师导师、多栖导师、专家导师组成的团队，助力新商科人才成长。基于培养一专多能的应用型、复合型人才，由来自行业企业、院校、科研机构等的“双师型”导师、多栖导师、专家型导师组成团队，共同商讨新商科人才培养课程体系构建、研究课程内容组织，共同进行课程资源开发，共同探索线上线下相结合的混合式教学，并基于智慧学习工场相应平台进行教学组织实施。依托平台的开放性和大数据分析，实时掌握学生学习状况，为学生课程学习、创新创业等提供及时有效地指导，赋能新商科人才培养。

三是成长生态链。新商科智慧学习工场通过产教深度融合，校企共同开发多种类型的课程资源，根据行业发展提供实时更新的学习素材，内容丰富、形式多样、互动性强，从而便于学习者获取多样态的知识，不断进步，自我进化。

二、新商科智慧学习工场建设要求

新商科智慧学习工场是商科类本科院校和职业院校的一个新型教育实验平台，是未来商科教育开放融合发展的底层基础，不仅加速商科类院校改革与转型，而且以科技和人才为引擎促进产业振兴和区域经济发展。

1. 集成化：学科专业、学习要素与各种功能交叉、融合

新商科智慧学习工场是对商科类学科专业、学习要素和各种功能的集成，促进商科教育转型发展。根据经济社会发展的各项重大战略，抓住经济转型发展机遇，顺应新科技、新产科、新业态的发展趋势，分析好所服务领域的创新链、产业链，从经济发展对人才结构性需求角度、人才工作样态与人才培养匹配程度角度等，重审学科与专业的定位，为培养适应新技术的商科类人才打好基础。

（1）商科类学科专业集成。一是可以按照学科同源、历史同宗的进行重组融合，有效整合院校学科科研力量和教学力量，加快学科平台调整与升级，打造与国际水平接轨的新商科；二是可以按照服务于同一产业链相关联的多个专业集聚，以特色专业为核心，强化专业之间的交叉融合与资源共享，重点建设几个专业集群，提升专业建设服务区域经济的贡献度。

商科类学科专业交叉、融合可以实现四个重构：重构适应新商科人才培养的职业岗位细分架构；重构新商科专业群复合型知识与技能体系；重构适应新商科人才培养的教学新模式；重构适应新企业生态系统下的新商科专业群。

（2）各类学习要素的集成。学习要素的集成主要帮助学生找到有效的学习方法，发现自己的内在潜质。智慧工场要通过一些课程和项目的实施，强化学习者的学习态度，传达终身学习的理念，养成处处留心皆是学问的意识；使学习者热爱商科学习，提供多种学习方式贯彻于学习过程中，帮助他们找到各自有效的学习方法，例如研学旅行、游戏学习、协作学习、创客学习等；强化良好的商科学习行为和思考习惯，为自己职业生涯规划打好基础，为商科类职业能力和素质的养成做好各种储备。

（3）各种功能的集成。通过平台+数据+服务，利用智慧教育平台优势，发现和发挥培训、实习、研发、研学等功能，提供一站式服务。例如，知识性学习、研究性学习、任务性学习和业务提高性的培训等。

2. 智能化：全要素资源再组织

以互联网、大数据、物联网和人工智能等为技术驱动，企业的生产运营过程发生了革命性变化，推动商科人才的业务工作模式根本性地改变，即业务流程去环节化，人才素质结构综合化，技能要求高端化，工作方式研究化和生产服务一体化，现有商科的教育活动、教育方式需要重新审视、定义和

设置。新商科的学科专业理念、目标、体系、课程、评价等需要根据经济发展的需要及时更新，对现有的教学资源例如专家智库、导师队伍、技术集群、课程资源、虚拟仿真实训基地等全部要素从顶层设计开始优化，基于商科新理念和目标的培养流程进行规划和组织，以实现“四个打造”“四个融入”。

四个打造——打造适应新商科人才培养需要的教学资源；打造适应新商科人才培养的校企合作平台；打造适应新商科人才技能和能力培养的实训基地；打造适应新商科人才培养需要的导师团队。

四个融入——将中国传统优秀文化融入人才培养过程；将新商科理念、思想融入教学资源，商科教育在引导学生奋力筑就中国梦的同时，也要在大格局、大变局和全球观当中、在人类共同追求的目标当中，布局商科教育内容和人才规则；将现代企业发展要求融入商科专业建设；将新商科元素融入教学管理。

3. 场景化：再现新商科“真实”工场，提供全新感官体验服务

为消费者创造超越期待的体验，建立与消费者的情感连接，是企业价值提升的重要魅力所在。为此，基于移动互联技术和智能终端所形成的动态“链接”重构，让各种场景更加绚烂别致，海量数据成为量化驱动场景商业模式的底层引擎和枢纽元素。新商科智慧学习工场致力于新技术下不同新场景的解决方案。

一是将现代行业领先企业的运营管理业务流程和科学管理内容，通过“迁移”互联等方式，放在新商科智慧学习工场中，以“真实”运营场景和数据信息供应链，建立与企业“同步”的运营管理的智能化流程。在工场中要体现三个“真实”：新技术下的企业“真实”场景，真实的案例和数据资料，来自企业的技术指导教师。将行业和企业的新知识、新模式、新规程等引入教学内容，加大教学领域学习实践的比重，优选一定数量的典型行业的领袖企业的业务流程和运营模式，构建多个企业的“真实”场景，促进知识和实践在“工场”相结合。通过技术“迁移”现代企业场景化运营模式，适应读图时代学习者学习习惯，通过建立图景思维活动，给人美好的感官体验，促进外在知识、活动更有效地内化为学习者的知识和能力。

二是“触景研学”，利用平台的技术和资源优势，整合国内国外教学资源，让学习者在不同的“学习”场景中学习，接受各种各样的知识，增长见识。

4. 实战化，搭建生产性实训环境，以项目化实训实战培养思维能力

新商科智慧学习工场以打造新时代下“新商科”为主线，吸收区域内的

现代企业参与平台建设，建立基于大数据的商科学科交叉研究平台，收集现代企业的“真实”数据，集合多方资源校企合作开展教育大数据分析，使学生的实践教学和实训演练处于虚拟“现实”环境中，提高学生真操实战的综合能力。同时推进教学资源、优秀师资、教育数据、岗位需求共建共享。

不仅如此，新商科智慧学习工场重视实践，面向实践，向实践要智慧，因实践长能力。注重工作经验的积累与反思，也注重学习结果导向的学习，通过“校中企、企中校”的智慧学习平台，以岗位实训、专业技能大赛、1＋X证书等服务的形式，促进学生自我意识和职业能力不断提升、专业素养层层递进。

5. 定制化：多元主体参与，开放众筹服务体系

智慧学习工场是一个大型、创新的核心平台，在行业协会、专家学者的指导和支持下，将政府、企业、学校、研究机构、教育系统和城市社区等经济社会各部门的数据、知识、技术、资金、人才等多维度、多领域、多层级的资源汇聚、协同创新，以形成促进教育改革、支持就业、振兴产业的服务生态。

一是智慧学习工场作为一个大型的、创新的、连接的平台，鼓励各种各样的高校、企业和行业参与合作开发诸如进行人才培养、课程开发、项目科研、创新创业、企业骨干培训等项目。

二是智慧学习工场根据商科教育进一步转型和发展要求，注重建立多样化的探索空间，与现有的校情、院情为基础，针对商科类学科专业“同质化”问题，提供二次研发技术支持，对于原有技术基础进行评估和整理，打通新技术入口和链接，做好学科专业的技术化升级服务。

三是智慧学习工场的研究功能及其拓展。依托新商科研究院、大数据体验中心可以开展专题研究、商科类标准研究及其他创新业务。还可以对研究院和体验中心的功能进行拓展。例如，将新商科研究院和大数据体验中心定义为带有学徒制性质的学习社群，关注人才的培养过程与结果。其中的导师、工作人员既是研究者，也有自己的工作，学习者可以参与进来研究学习，获得专业技能上的增长，进行主题学习和相关拓展学习，在主题学习中增加合作和实践导向等元素。对于学习者来说，向示范人学习比学习知识更重要，可以和其他人建立一种长期的学习伙伴关系，获得支持和引导，通过参与和对话，让自己从一名新人逐渐成长为理想中的自己。

第三章　新商科智慧学习工场建设路径探索

新商科智慧学习工场建设，要立足经济社会发展、技术集群牵引力、新商科教育及人才培养需求与特征等基本前提，统筹考虑学校社会、产业教育、专业（群）职业（群）、课内课外等多个生态，以“立德树人”“三全育人”为根本遵循，以产教融合为统领，做好顶层设计，因需而智打造接续进阶的新商科数智化生态圈、新商科运营管理生态圈、新商科产业协同生态圈，同时搭建新商科教育大数据研究体验中心和新商科研究院两个产学研用协同创新和专家智库平台，协同推进新商科教育范式改革，提升新商科人才培养质量和社会服务能力。

第一节　顶层设计

在教育部学校规划建设发展中心领导下，广州市福思特科技有限公司联合成都工业职业技术学院、广东松山职业技术学院等院校主体，基于商科类学科专业集成和全要素资源场景化、智能化、数字化的构建，将传统商科类学科专业内整外跨，以商科学习者能力本位为成长主线，搭建多场景下实训课程供应链的“真实”实验室，建设新商科智慧学习工场，打造具备产教融合、开放连接的空间结构、自我进化的创新生态等属性的商科教育的内核平台。

新商科智慧学习工场以培育应用型、复合型、战略型新商科人才为建设目标，产教融合为核心机制，智慧教育云平台为依托，新商科研究院为支撑，多场景实验基地为保障，构建新商科人才培育体系。根据人才培养目标侧重点不同，将新商科生态圈大体分为数智化生态圈、运营管理生态圈以及产业协同生态圈。生态圈的运行以移动互联宽带和云、大数据、区块链、VR/AR

以及人工智能为技术支撑，通过课程体系改革、师资培训以及实训基地场景多元化完善，围绕知识、理念、技能、能力和素质五大方面展开，全方位提升新商科人才素养，向企业输送高质量、复合型新商科人才。通过三大生态圈的互联互通，在横向上实现学科交叉融合；在纵向上，促进产教一体的深入发展，使校政企三方真正实现信息互通，资源共享，合作共赢。

新商科智慧学习工场整体建设思路如图 3 – 1 所示。

一、构建逻辑

围绕信息化与工业化深度融合带来产业转型及人力资本重构、人才需求转变的背景，以提供人才供给侧与需求侧的匹配度为目标，探索构建以新商科人才培养为核心的创新育人体系。通过将人才培养过程中的专业人才培养目标、课程教学目标、课堂教学目标等各要素紧密对接，将产教融合、三教改革、教学创新团队建设、高水平实训基地建设等改革项目持续深化，面向区域培养符合社会发展的高质量、复合型人才。充分发挥人才优势，推动产业结构转型升级，逐步形成以产引才、产教融合、以才促产的良性格局，促进经济社会持续稳定健康发展。如图 3 – 2 所示。

1. 产业转型促生人才新需求

当前我们身处前所未有的新科技革命、工业革命时代，我国经济发展进入新常态。在供给侧结构性改革背景下，产业转型成为加快转变经济发展方式、化解产能过剩的着力点。中国信息通信研究院 2019 年发布的《中国数字经济发展白皮书》显示，我国数字经济规模达到 31.3 万亿元，占 GDP 比重已达 34.8%。麦肯锡的一份研究数据也表明，80% 以上的企业在过去 5 年内进行过数字化转型，但能够在数字化转型过程中成功的企业仅有 16%。当企业迈出转型第一步时，所面临的最大障碍往往不是来自于技术或资金，而是现有的人才不足以支撑企业未来战略发展的需要。当前产业结构调整升级过程中开始强调跨学科、跨领域知识应用的重要性，无论是制造业、现代服务业还是现代农业对复合型人才的需求愈发凸显。人工智能、自动化和机器人行业的兴起带动了对人才技术“硬技能”的需求，而创造力、适应能力、合作能力和时间管理能力等“软技能”也能为人才适应新岗位建立优势。扩大复合型人才供给规模能够为企业创造更多的生产效益，有利于提升产业结构调整的平稳性，为建立现代化经济体系提供智力支撑。

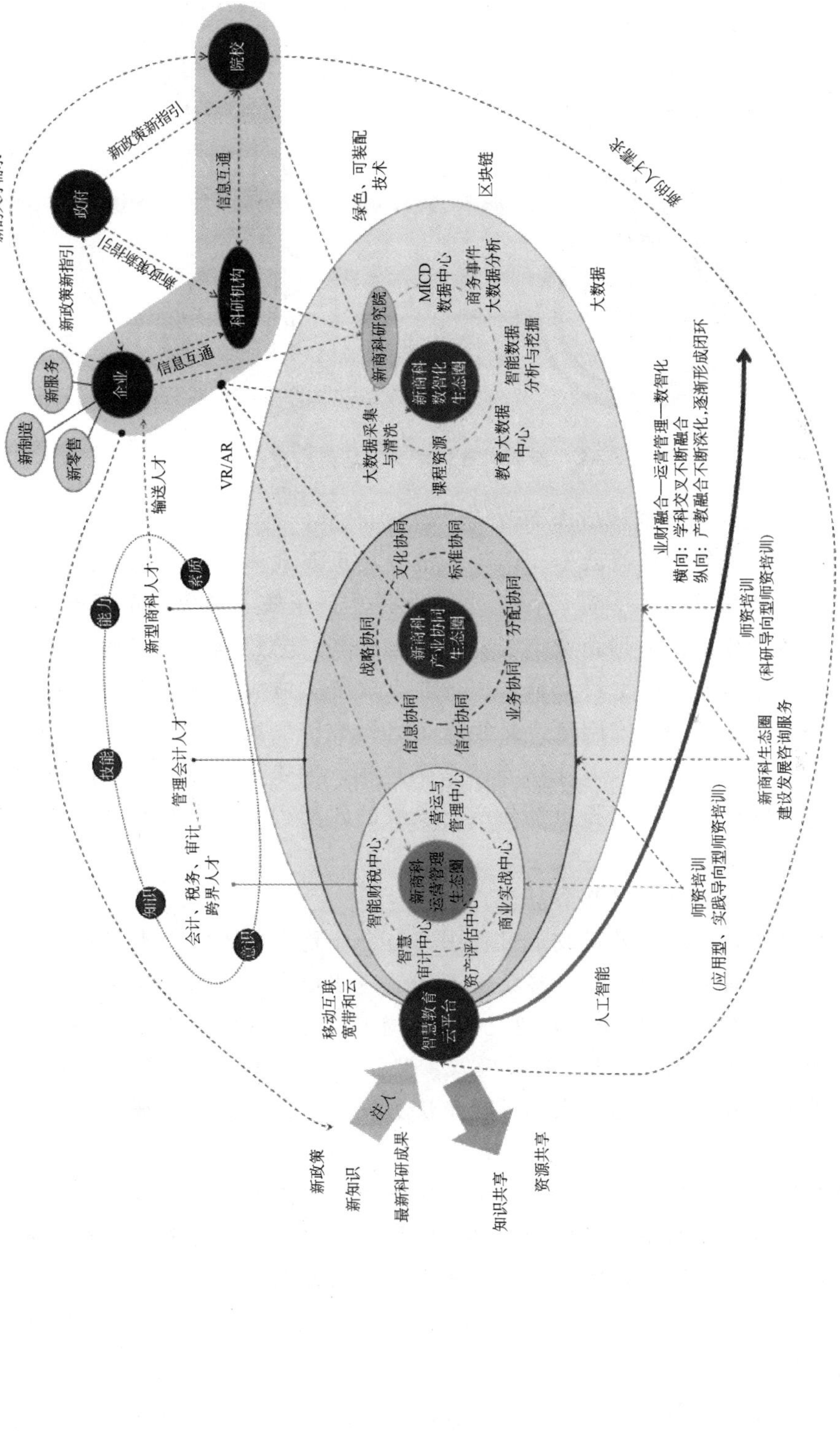

图3-1　新商科智慧学习工场整体建设思路

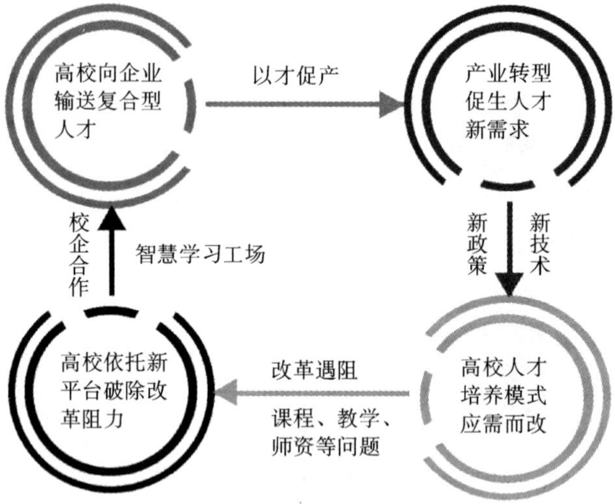

图 3-2　新商科智慧学习工场架构逻辑

2. 高校人才培养模式应需而改

随着经济竞争的日益激烈，作为经济发展重要载体的企业也因此竞争不断。而人才是发展的第一资源，人才作为提升企业核心竞争力的重要因素，其质量和数量直接关系到企业市场竞争力的强弱。学校作为向工业化、信息化和现代化输送人才的主要渠道之一，要有效解决适应未来产业结构转型升级的人力资源保障和开发问题，必须立足区域经济发展实际需求，将信息技术和现代化管理理念纳入人才培养体系全过程，加快人才培养模式改革，提高人才培养的规模、结构和质量与产业发展的匹配程度，为产业体系建设提供强有力的人才支撑。

3. 校企合作探索人才培养新模式

当前高校人才培养模式改革过程中，与企业复合型人才需求的衔接存在诸多问题，如对接的课程开发多数还不能适应职业岗位要求，校企双方融合深度不够，“双师型”师资力量匮乏等。人才培养不是一朝一夕或是一招一式即可解决的问题，亟待从人才培养模式、课程开发、师资建设等各方面出发，全方位构建产教融合协同育人的综合解决方案，由此，新商科智慧学习工场应时而生。

依托新商科智慧学习工场，校企合作积极探索人才培养新模式，对新时期人才培养路径做出系统安排和规划。以培养高质量、复合型新商科人才为目标，围绕知识、理念、技能、能力和素质五大方面展开人才培养，在课程标准制订、教案设计和教材开发中融入企业岗位要求掌握的新技术、新工艺、新技能，通过对学校课程体系改革、师资结构优化、实践实训平台建设，全方位提升教学质量，实现人才培养和企业需求有效衔接。

4. 人才结构优化推动产业转型

人才结构的层次性决定了产业结构的层次性，人才结构优化是产业结构调整的基础，对于产业结构的优化升级具有重要促进作用。高校向企业输送大批高质量、复合型人才，从供给侧层面将人才培养进行持续的人力资本转换、投入与驱动，促进处于产业链高端的技术密集型和知识创新型产业发展。同时，转变经济发展方式，产业转型升级，对人才结构优化调整也提出了新需求，高校应根据企业新需求进行新一轮的人才培养模式改革。通过人才优势引领和推动产业结构转型升级，逐步形成以产引才、产才融合、以才促产的良性格局，推动经济社会持续稳定健康发展。

二、建设特色

1. 培养目标新

相对于传统商科培养单科型专业人才的培养目标，新商科要培养掌握跨学科理论知识和跨领域专业技能，具有终身学习能力、自主创新能力和战略管理思维的复合型、应用型、创新型专业人才。新商科人才培养目标新还体现在新商科智慧学习工场紧跟时代发展前沿，密切关注产业发展趋势，以市场需求为导向对人才培养目标进行适时的动态调整，实现人才能力培养与企业岗位要求的精准对接。

2. 培养模式新

新商科智慧学习工场立足于复合型人才培养目标，形成线上线下联合教学，产教融合跨界教学的人才培养新模式。借助大数据、云计算、5G、人工智能与区块链等新一代信息技术构建与行业发展、企业人才需求、院校教学目标以及科研前沿紧密衔接的，功能多元、虚实结合、资源丰富的新商科多学科融合仿真实验基地，将学校特色专业建设与综合实训进行有机结合。通过虚拟仿真教学将理论知识转化为实际商业场景应用，让学生通过实验教学平台了解企业的生产、经营、管理流程，熟悉就业岗位职责要求，掌握企业生产经营基本技能和专业技术，让学生在加深专业知识理解的同时提升实战能力。

3. 课程内容新

为满足以信息技术和人工智能为代表的新一轮科技革命下企业对商科人才提出的新要求，新商科智慧学习工场在结合新商科人才培养方案与学校专业特色基础上，在传统商科课程体系中融入了最新现代信息技术知识。学生通过电子教材、虚拟仿真实训案例库、习题库、在线金课等新型教学课程，在学习经济学、管理学、国际贸易学、财务管理等学科交叉知识的基础上能够熟悉现代企业商业运作模式，掌握对应岗位职能要求；通过学习计算机技术、智能科学、数据分析与应用、可视化等方面知识，学会运用数字经济背景下企业发展所需的新技术、新工具。在学习过程中逐步形成互联网思维、交互思维、管理决策思维和全局意识等，全面提升创新创业能力、运营管理能力、数据分析能力、人际交往能力等，增强商科人才在企业数智化和现代化运营管理中所需要具备的职业素养。

4. 师资队伍新

高素质教师尤其是“双师型”教师队伍的建设是开展实践教学的灵魂。目前教师队伍普遍存在理论知识丰富但实操能力不足，新商科智慧学习工场围绕教师能力成长，通过指导实训和安排教师到企业行业中进行轮岗实践，及参与学术交流会、专题研讨会、教材编写、科研课题等方式更好地掌握企业岗位能力要求，有利于教师在实践中将理论知识与实践技能进行深度融合，提升教师实践教学水平。同时，在对内培养提升教师教学水平方面也加大对高学历、高技能、复合型师资人才的引进力度，拓宽师资引进渠道。通过聘请长期从事某一行业实践工作、精通业务操作和专项技能、熟悉企业管理与运作的流程的人才做专职或者兼职教师指导学生教学。

5. 评价体系新

依托新商科教育大数据研究体验中心，基于高校内部业务系统，借助信息技术与工具，构建以学生学习情况、行为活动、学业成绩、兴趣特征等数据为基础的智能化评价体系。通过数据量化分析绘制学生画像，全方位掌握每个学生的学习能力、性格特征、学科优势以及学习状态等，针对学生薄弱领域形成个性化教学方案，对学生进行精确辅导，最大程度提升学生的学习效率。同时通过学生信息与就业岗位智能化匹配反映学生个人能力优劣势和适合岗位类型，指导学生建立个人职业生涯规划，让学生个人能力与就业岗位精准对接。

第二节　新商科数智化生态圈建设

一、概述

近年来，数字经济蓬勃发展，在推动生产力发展和生产关系变革的同时，对产业数字化转型升级提出了新要求。此次新冠肺炎疫情爆发，对传统产业的生产方式提出了巨大挑战，进一步凸显了产业数字化转型升级的必要性和紧迫性。疫情期间线下生产、销售停滞，多种数字经济形态、新模式开始涌现，智能制造、在线教育、在线消费、工业物联网等以数智化为特征的新技术、新业态、新产品开始深入到各行业各类场景。腾讯云推出涵盖智慧通行、协同办公、安全防护和远程设备管理四大场景的解决方案，阿里巴巴“五新”战略的落地，上海宝钢智能机器人和无人吊机的广泛应用，新凤鸣集团通过柔性智能化产线覆盖人工生产环节。种种迹象表明云计算、大数据、人工智能、移动互联等新一代技术的发展正在深刻影响着传统产业变革，为产业数智化变革按下了加速键。

在我国产业迫切要求转型的背景下，科技迅猛发展，新知识、新工艺、新方法层出不穷，被大量用于生产、生活领域，企业岗位职责拓宽，技术更加复杂，急需一大批掌握新兴知识和技术的数智化人才。2020 年 8 月 18 日，主题为“数智引领人才升级”的“2020 数智化人才培养高峰论坛”在哈尔滨召开，论坛旨在汇聚商业智慧，释放企业潜能，打造人才高地，数智化人才已经成为中国产业转型升级的现实刚需。

数智化生态圈响应时代发展要求，立足于数智化人才培养目标，以实践教学、专业共建、技术集成等多种形式与政、行、企、校多方在数智化人才培养方向上展开深度合作。通过技术创新、数据驱动推进教育教学改革，构建集数字化、网络化、智能化于一体的信息化教学实训基地，帮助学生掌握商业技能的同时运用数字化技术扩展综合实践能力，培养集智能财务、数字营销、数据分析等多领域才能的数智化人才。以数智化人才供给强化产业转型动力，以“数智技术”支撑产业结构优化。通过产教深度融合，对接我国产业转型升级，促进教育链、人才链与产业链、创新链有机衔接，对新形势下全面提升高校教学质量、扩大就业创业、推动经济持续发展具有重要意义。

二、建设逻辑

新商科数智化生态圈以培养“复合型、数智型、战略型的新商科高级管理、决策人才”为目标，为高校打造一流专业和高水平特色专业群提供一站式配套教学服务。围绕 MICD 数据中心、大数据采集与清洗、商务智能数据分析与挖掘、商业事件大数据分析、商业实战模型，将新技术技能培养渗透商业运营与管理理念，激发数智化商业模式与经验战略萌芽，从人才培养端与人才成长端着力提升教与学在信息技术领域的应用、创新与发展，引领商科教育主动回应信息时代技术创新与社会变革，助力商界向信息化、数字化、智能化转型升级。通过内整外跨的升级改造，实现知识链、产业链、教学链、价值链、培养链的高度融合，形成对接产业、动态调整、自我完善的新商科数智化生态圈。

新商科数智化生态圈建设逻辑如图 3－3 所示。

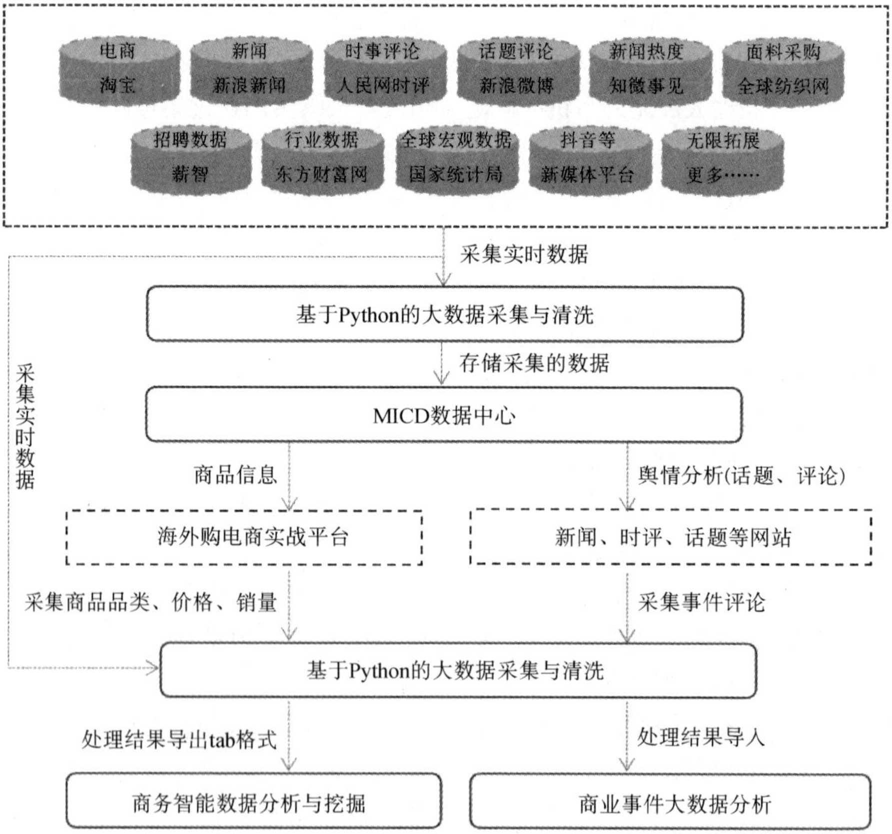

图 3－3 新商科数智化生态圈建设逻辑

三、建设内容

1. MICD 数据中心

新商科数智化生态圈基于大数据时代背景而建立，“大量”“多样”“价值”是大数据的关键词，大数据最大的价值在于通过从大量不相关的各种类型的数据中，挖掘出对未来趋势与模式预测分析有价值的数据，并通过机器学习、人工智能、数据挖掘等方法进行深度分析，发现新规律和新知识，并应用于社会的各个领域，从而改善社会治理、提高生产效率、推进科学研究。MICD 数据中心通过数据采集技术、数据预处理技术、分布式储存技术、数据存储及管理技术集成了电商、新闻、时事评论、行业动态等不同渠道的数据，凭借其丰富的数据资源，多维度分析，开放虚拟门户网站以及网站数据自概述的特色功能，可广泛应用于舆情监控、精准化营销、媒体平台传播分析、课题研究、决策支持、数据共享等多个场景，帮助学生掌握专业知识技能的同时培养学生大数据思维与能力，为教师开展课题研究提供及时、安全、高效的数据支持。

2. 基于 Python 的大数据采集与清洗

大数据的数量之大与价值的低密度造成了技术与成本之间的巨大挑战，基于传统的 IT 技术和软硬件工具将难以实现数据的感知、获取、处理和服务。数智化时代下商科人才培养思路不能仅仅局限于对商业知识、模式的传授，更应适当融入数智化工具、理念和内容，培养符合时代发展、能够顺应企业变革需要的数智化人才。新商科数智化生态圈引入基于 Python 的大数据采集与清洗系统，致力于通过 Python 工具，逐步引导实验者完成业务分析、数据采集、数据处理与存储、数据分析与挖掘、数据可视化、结果应用等实验过程，基于金融、财务、电子商务和工业制造等多行业领域实际应用案例，帮助学生掌握计算机、网络、数据编码、数据处理等相关学科的基本理论和基本知识，熟练掌握大数据采集、存储、处理与分析、传输与应用等技术，具备大数据工程项目的开发能力，培养学生大数据科学研究能力及数据科学岗位的基本能力与素质。

3. 商务智能数据分析与挖掘

数据的价值不在数据本身，数据是价值挖掘的基础，通过数据与行业、企业、业务进行深度结合，通过分析与挖掘呈现规律和知识是大数据的价值所在。在通过信息技术工具全面获取了业务信息数据的基础上，通过数据内涵的分析与价值的挖掘，可能得到颠覆常规分析思路下做出的结论，全面的数据采集、清洗、分析、挖掘链路打破了传统数据源的边界，数据分析在商业市场上前景巨大。新商科数智化生态圈通过商务智能数据分析与挖掘系统，突出商业运作与信息技术手段的融合，引导学生通过数据分析的方法与流程解决商业问题，激发学生突破常规的胆识，通过科学方法挖掘数据潜藏的商业价值。作为一个面向商科类学生的机器学习和数据可视化工具，商务智能数据分析与挖掘系统内置可用于数据挖掘或机器学习模型的交互式数据分析工作流程，包含一系列数据挖掘流程的组件，涵盖数据准备、数据预处理、建模、模型评估以及可视化，可广泛应用于电子商务、金融、保险、房地产、旅游、制造业等行业，用于预测企业各项业务活动的未来趋势及行为，做出前摄的、基于知识的决策。

4. 商业事件大数据分析

“一只南美洲亚马逊河流域热带雨林中的蝴蝶，偶尔扇动几下翅膀，可以在两周以后引起美国得克萨斯州的一场龙卷风。”美国气象学家爱德华·洛伦兹对蝴蝶效应的分析反映了事物之间的关联作用。微小的事物变化尚且能够引起巨变，如金融危机、2020 年新冠疫情等重大典型事件的爆发对商业社会的影响可谓剧烈。新商科数智化生态圈的构建逻辑实现对人才适应能力与应变能力培养的统一，依托商业事件大数据分析系统，从具体商业事件出发，根据企业业务特点，通过多维度的舆情分析，及时响应的预警机制，自动生成的分析报告和大数据技术的多重服务，为企业提供销售预测、产品定价、产能资金评估等多方位的管理决策支持。从围绕特定商业事件的监测、分析、预警、报告、决策活动，培养学生对外部事件的敏感性，构建学生的跨学科知识结构，培养学生的跨学科思维能力、应变能力、整合研究能力。

5. 商业实战模型

随着大数据技术的广泛运用，企业越来越多地关注如何有效运用大数据对业务活动进行分析和决策，尤其重视培养既懂业务、又懂经营分析和决策的复合型专业人才。新商科商业实战模型将产业链、数据链、技术链、商业链、工具链进行融合，对接区域优质企业，以解决企业经营过程中的问题为导向，将商务数据分析与应用、企业管理、财务管理、管理会计、金融学、市场营销等相关课程相结合，将商业数据分析工具、商务决策管理工具全面运用到经营分析过程中，通过数据采集、数据清晰、数据分析、模型选择、模型验证、结果修正等步骤构建解决模型，着重培养学生商业数据分析思维、财务分析、决策支持、风险管控以及价值管理等方面的能力，为企业准确预测销量、合理定价、现金流管理、产能评估、销售预算优化等活动提供决策支持。

四、预期效益

1. 以数智化人才为支撑服务数字经济发展

随着数字经济的快速发展，越来越多企业开始面向高新技术产业进行转型升级，企业对数智化人才的呼声愈来愈高。数智化生态圈根据数字经济建设发展对数智化人才的现实诉求，通过对学生进行信息技术等相关的前沿知识和技术技能教育，帮助学生更好地掌握信息技术知识，进一步提升学生的数据分析能力和综合素质，使学生具备数字经济环境下就业和生存生活的素质与能力，促进其在数字经济时代下实现更加稳定、更有质量的就业。通过数智化教育“赋能”，有效衔接企业就职岗位技能需求，帮助高职院校面向社会输出大批高质量、复合型数智化人才，满足企业用人需求，在供给侧层面对数智化人才培养进行持续的人力资本转换、投入与驱动，为推动数字经济建设与发展提供了强劲的人才动力。

2. 助力高等教育信息化发展

我国高等院校肩负为经济建设培养技术技能型人才这一重大历史使命，加强数智化人才的培养是顺应数字经济发展的必然趋势。高等院校以新商科数智化生态圈建设为契机，全面践行“互联网 + 教育”“智能 + 教育”“智慧 + 教育”理念，加深新一代信息通信技术和数字化资源与教育教学的有效融合，树立专业教育教学信息化人才标准、课程体系标准，为教师搭建信息化教研环境，为学生搭建信息化学习环境。学生通过数智化实训基地的模拟仿真训练，在校学习期间就能掌握企业数据分析、咨询、管理、服务等岗位群的技术应用的技能，培养学生的创新精神和职业素养，提升学生实践能力和专业能力。通过构建以学生为中心的全新教育生态，推进院校建立健全信息化专业教学体系、强化信息化师资力量、完善数字化教学资源建设，全方位加强信息化能力，提升院校整体信息化水平，推动高等院校教育实现可持续、信息化发展。

3. 加快推进产业数字化转型升级

习近平总书记指出，加快推进产业数字化转型升级，是推动我国经济实现质量变革、效率变革、动力变革的题中应有之义。数智化生态圈积极响应政策要求，围绕数智化人才培养目标，借助大数据、云计算、5G、人工智能与区块链等新一代信息技术，构建集数字化、网络化、智能化于一体的信息化教学实训基地。实训基地建设将企业纳入数智化人才培养全过程，充分运用 python 工具、商务智能数据分析与挖掘对企业新的生产方式和转型方向进行科学分析，课程设置以大数据时代下企业发布的新兴岗位如数字化管理师、供应链管理师、人工智能工程师、云计算工程技术员的岗位要求为导向，教学内容紧紧围绕新兴岗位必备技能和业务流程展开，依托实训平台让学生在高度还原的商业环境中进行新兴岗位业务流程模拟，深化工业互联网、大数据分析、人工智能等新技术应用，在实训中引导学生树立数智化意识，提升学生数据分析与应用能力。通过向企业源源不断输送数智化人才，帮助企业解决数字化转型升级中遇到的问题，降低企业转型升级成本，畅通产业数字化转型升级的渠道，加快推进产业数字化转型升级，使数据要素成为推动经济高质量发展的新动能。

第三节　新商科运营管理生态圈

一、概述

数字经济时代背景下，新的商业模式和经济范式不断涌现，以互联网、大数据、人工智能、5G 等为代表的新一代信息技术快速发展倒逼企业转变经营管理模式，重构企业运营管理职能要求、业务流程和工作方式，企业信息也逐步呈现数据化、多样化、智能化等特征，按照传统思路培养出来的运营管理人才已经不能满足企业快速发展的需求，拥有信息化管理思维、熟悉计算机技术、能运用信息化手段进行业务处理，将成为企业所需新型运营管理人才必备素养。未来运营管理人才需要拥抱数字技术，加强信息技术与专业领域的融合应用，以面向未来财务和新运营范式。

新商科运营管理生态圈植根现代企业先进管理理念，以企业人才需求为导向，整合资源、技术、人员、管理等要素，借助互联网、云计算、大数据、人工智能等新一代信息技术，搭建“共享 + 协同 + 赋能”的数字化管理实训平台。以企业真实场景、真实业务为教学情境，以企业业务流程和应用技能为教学内容，以企业运营管理关键部门、典型岗位、关键能力为培养路径，再现“真实”企业运营管理全过程。通过实践教学全面提升学生企业运营管理能力，打造企业管理思维、企业管理层能力、企业决策层能力人才梯级成长路径，实现教学成果“反哺”经济建设，引领商科教育主动回应信息时代技术创新与社会变革。

二、建设逻辑

新商科运营管理生态圈立足于新商科运营管理人才培养目标，以新业态、新产业与新技术融合的发展态势作为切入点，借助新一代信息技术将现代企业的运营管理理念和业务流程置入虚拟仿真商业场景中，融入管理学、会计学、税收学、审计学、资产评估多学科知识与岗位能力标准，构建数智化信息中心、财务大数据分析与管理平台、内部控制与风险管理平台、资产评估中心、商业决策实战平台、资产评估与审计中心，形成多学科交叉、多岗位相互融通的企业运营管理生态。以再现企业真实运营管理过程的方式，引导学生模拟企业运营管理流程，通过开展财务、审计、资产评估、纳税筹划、风险管控等工作模拟，了解企业各关联岗位工作要求，熟悉企业运作流程与规则，满足学生对企业认知、岗位体验、技能提升等就业需要，增强学生的岗位适应能力和管理运营能力。

新商科运营管理生态圈构建逻辑如图 3－4 所示。

图 3－4　新商科运营管理生态圈建设逻辑

三、建设内容

新商科运营管理生态圈集成智能财税中心、智慧审计中心、资产评估中心、新制造营运中心、商业实战中心各业务中心，以企业财务工作为起点，纵深企业智能云财税、纳税筹划等财务工作，横跨以注册会计师、资产评估师职业核心技能为中心的审计工作、资产评估工作，贯穿以新制造企业为代表的企业营销、采购、技术、生产、财务、人力资源等关键部门工作内容与流程，融合管理学、会计学、税收学、审计学、资产评估多学科知识与岗位能力标准，对接区域产业高端岗位人才需求，构建多学科交叉、多岗位融通企业运营管理发展生态。新商科运营管理生态圈与数智化生态圈相衔接，将新技术技能培养渗透商业运营与管理理念，激发数智化商业模式与经验战略萌芽，从人才培养端与人才成长端着力提升教与学在信息技术领域的应用、创新与发展，引领商科教育主动回应信息时代技术创新与社会变革，实现数智化商科人才培养。

新商科运营管理生态圈建设内容如图 3－5 所示。

1. 数智化信息中心

数智化信息中心借助互联网、云计算、大数据、人工智能、5G 等为代表的新一代信息技术与商业运作模式充分融合，建设以技术为支撑、以数据为驱动的数智化商科教育科技生态。通过 MICD 数据中心、基于 Python 的大数据采集与清洗、商业事件大数据分析、商务智能数据分析与挖掘以及商业实战模型的应用，打造交互式仿真商业场景，建立与企业“同步”的运营管理的智能化流程。基于实践教学引导学生模拟商业运作，熟练应用信息技术挖掘数据价值，理清商业逻辑，做好商业决策，通过可循环、可重演、可创新的数字化、智能化商业推演模式，培养商业运作具体过程实践技能、商业分析与决策能力、批判性思维与创新能力。

2. 资产评估与审计中心

资产评估与审计中心以人才培养为核心，基于企业真实案例，将经济、管理、法律、资产评估、审计等学科知识与企业岗位能力要求纳入仿真教学场景构建中，依托资产评估和审计两大实训平台，为学生提供实践教学服务。资产评估实训平台引入资产评估公司真实案例，借助信息技术高度还原资产评估工作流程，让学生通过明确业务基本事项、订立业务委托合同、编制资产评估计划、进行评估现场调查、收集整理评估资料、评定估算形成结论、

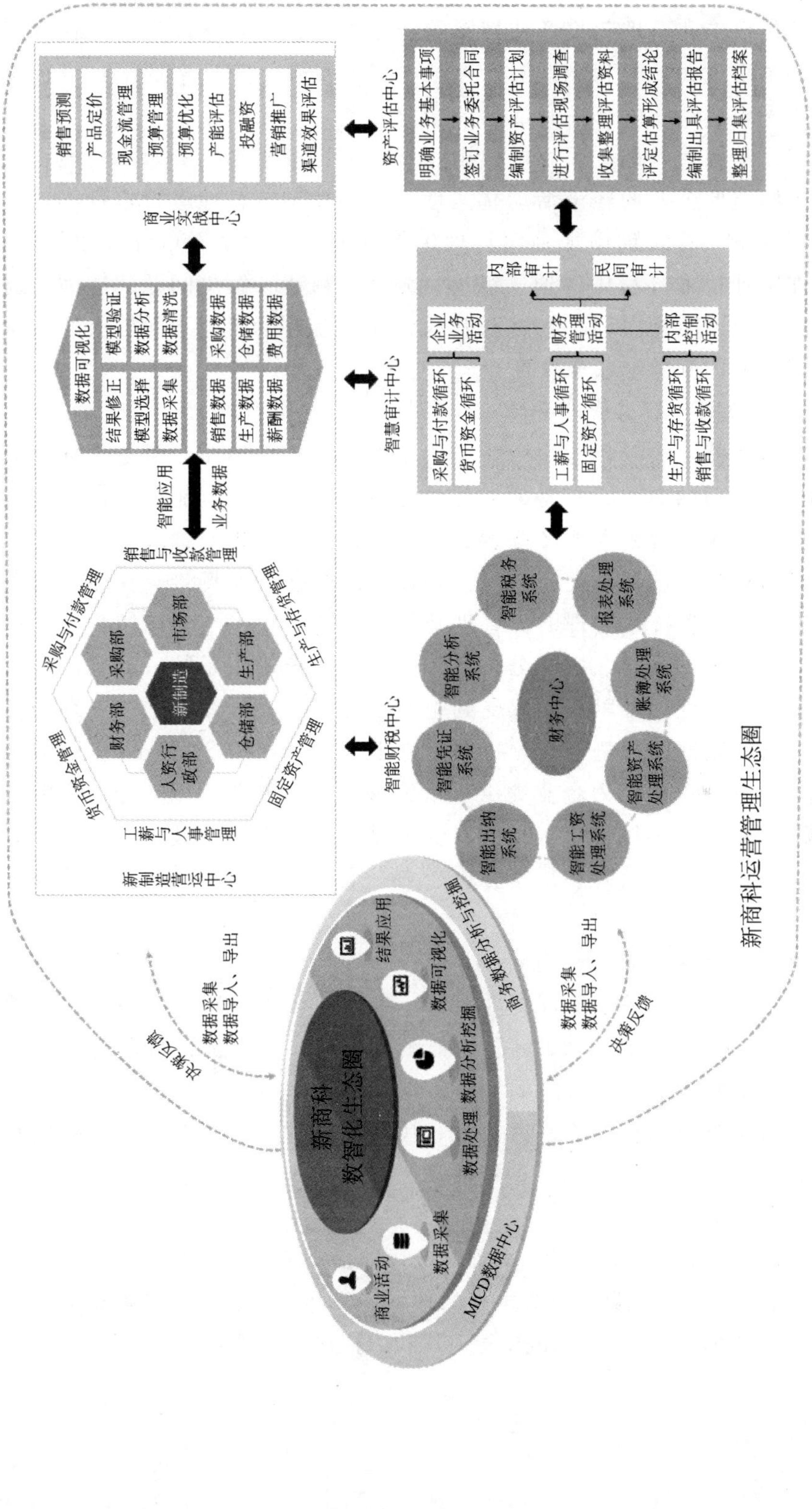

图3－5　新商科运营管理生态圈建设内容

编制出具评估报告和整理归集评估档案等业务模拟，不断累计资产评估实战经验，帮助学生全面了解和掌握资产评估实务及操作。审计实训平台以被审单位的财务管理活动、内部控制活动与企业业务活动为对象，以真实企业账套资料和多元案例为基础，通过模拟企业真实审计场景和业务教学情境，引导学生对不同类型企业的经济活动真实性、合法性和效益性进行审计，对经济责任进行评价，在实训中加强审计理论知识的应用，掌握审计专项技能，提升学生在审计执业环境中沟通、组织、分析、判断和解决问题的能力。通过资产评估和审计两大实训平台互联互通，优势互补，满足不同层次的教学实训需求，全面提升学生综合素质。

3. 财务大数据分析与管理平台

大数据时代催生出以智能化为特征的新型财务工作体系，财务数据化对财务人员提出了新的要求，具备战略思维、掌握财务知识、能运用信息化手段进行业务处理成为财务人才必备素养。财务大数据分析与管理平台以财务分析与管理流程为基础，高度还原现代企业实际财务工作场景，在原有财务管理模式上融合信息技术实现财务管理智能化。学生在平台上应用智能工资处理系统、智能出纳系统、智能分析系统、税务系统等子系统，对企业资金活动进行数字化管理，可以直观感受到企业财务工作开展流程。在熟练操作财务软件对财务数据进行整合与分析的基础上，学会利用信息技术将财务数据转化为战略决策资源，为企业提供决策咨询。通过财务模拟实训，帮助学生在实战中养成战略思维和全局思想，快速掌握税收、资产处理、出纳等财务技能，提高财务管理能力和数据分析能力，全面提升学生的财务素养和信息化素养。

4. 企业风险管理平台

企业风险管理平台基于不同行业背景，以企业风险管理为导向，内部控制为基础，搭建集“风险识别、评估、监测、防范”于一体的风险防控实训基地。实训基地着眼于企业风险类型，借助新一代信息技术模拟复杂多变的商业环境，将企业内部控制的制度设计、风险测试方法、控制活动缺陷以及风险管理融入到企业资金活动、投资活动、合同管理、生产管理、采购业务等多个模块的实训案例中。学生通过实训案例熟悉不同企业规范内控制度、统一物资采购管理、制定风险应对方案等防范风险措施的制定和实施，在应对企业风险的过程中加深对风险防控知识点的理解与实际应用，逐步掌握企业内部控制和风险管理方法技能，在实战中提升风险内控水平和风险管理能力。

5. 管理思维养成平台

管理思维养成平台基于多案例展示商业活动管理全过程，借助信息技术实现商业场景可视化，让学生在模拟仿真商业环境中通过实务操作逐步形成管理思维。学生通过定期轮岗对不同案例企业进行生产与存货活动管理、货币资金活动管理、销售与收款活动管理等实务操作，深化学生对商业活动管理的认知，将所学商业管理知识转化为管理岗位必备技能，在系统掌握商业活动管理方法、技巧基础上逐步形成管理思维，指导学生在未来工作过程中通过运用一定的管理方法评价组织运营效果，提高组织运行效率，助力职业发展。

6. 商业决策实战平台

商业决策实战平台以培养复合型商科人才为目标，解决企业运营管理问题为导向，依托虚拟仿真商业环境将商科教学内容融入企业商业决策实战中，实现课程理论与实践教学深度融合。平台通过开展销售预测、合理定价、现金流管理、产能评估等模块实训，让学生运用商业数据分析工具、商务决策管理工具进行数据采集、数据清晰、数据分析、模型选择、模型验证、结果修正等步骤构建企业管理决策模型，让学生在解决企业运营管理问题的实战过程中提升商业数据分析、财务分析、风险管控以及价值管理等方面的能力，实现人才培养技能与企业用人需求精准对接。

四、预期效益

1. 为企业运营管理提供复合型管理人才

现有企业组织结构面临改革优化，在企业转型升级的过程中不断出现新的经营管理问题，对复合型管理人才的需求愈发明显。新商科运营管理生态圈响应市场对复合型管理人才的需求，校企合作，参考不同类型管理专业课程设置和管理岗位任职需求，借助新一代信息技术模拟企业运营管理流程，为学生提供运营管理实践教学场所。通过体验式模拟训练将学生置身于不同的商业环境中，进行团队协作、企业管理战略规划、人员调配管理等一系列活动来处理虚拟企业突发多变的经营管理问题，让学生将战略管理、营销管理、生产管理、人力资源管理等专业知识切实应用于实际业务，在实战中全面提升学生管理水平和专业技能。通过实训基地助力院校培养和锻炼学生综合管理能力，为企业输送大批能从事各职能部门综合管理和专业管理的复合型管理人才。

2. 显著提升商科专业教学质量

新商科运营管理生态圈作为商科专业实践教学平台，围绕复合型管理人才的培养目标，在加强实训基地建设基础上，探索校企合作新模式，建立以学校为主体，企业和学校共同教育、管理的校企结合运行机制，通过商科专业课程体系改革和教学方法、教学手段的全面改进，使商科专业知识和企业管理职能进行深度融合，在不断强化学生运营管理实践能力的同时，加强学生职业素质的培养，形成职业道德素养和综合管理能力培养并重的教育理念。通过对专业教师进行指导实训和安排教师到企业实习参观，让教师在实践中完善教学知识体系，改革教学方法，提升教师专业技能水平和实践能力。从人才培养、课程体系完善、教学模式改革、加强师资队伍建设等方面全面提升商科专业教学质量。

3. 助推企业管理优化升级

新商科运营管理生态圈一方面通过企业经营管理运作流程模拟实训，让学生在实践中掌握企业经营管理基本理论知识和实操技能，助力学校培育复合型管理人才。复合型管理人才可以运用自身掌握的运营管理技能和知识体系，结合企业业务特点，为企业提供审计、财务、产能资金评估等多方位的管理决策支持。另一方面，新商科运营管理生态圈通过对参与企业提供管理类员工岗前培训、管理技能提升培训、派遣专家学者协助企业进行组织管理模式调整优化等国家相关职业资格认证的培训及考试辅导等专业服务，提升企业管理人员运营管理水平。同时，依托数智化生态圈，运用多维分析、自动生成的分析报告和大数据技术对参与企业管理现状进行调查研究，找出企业目前管理结构存在的不足，围绕企业管理缺陷提出参考性意见，指导企业进行组织管理模式调整优化，帮助企业优化组织构架、健全企业治理结构，助推企业管理优化升级。

第四节　新商科产业协同生态圈

一、概述

新商科产业协同生态圈是一个可视化、可调节、互联互通的创新协同运营生态。它着眼于企业外部供应链的良性运转，呈现不同行业企业在供应链各环节中各司其职、互利共生的生态模式。

——可视化，是创新协同的表现形式。通过大数据、云计算、5G等新一代信息技术与供应链管理充分融合，实现高质量的信息传递与共享，直观呈现供应链各环节运转状态，打破企业信息孤岛。

——可调节，是协同运营的智慧化体现。依托可视化数据中心，快速响应外部环境及供应链内部各环节的变化，有效利用供应链资源，形成动态、灵活、高效的供应链运营体系。

——互联互通，是实现创新协同运营价值体系的关键。构建平台化、一体化智慧供应链协同生态，通过信息流、物流、资金流串联供应链中的供应商、制造商、分销商、零售商、终端客户等各个环节，促进供应链各环节整体效益提升。

新商科产业协同生态圈，是一个以人才为驱动、循环向上发展的交互式发展生态。人才是生态圈内部各项组成元素的“血液”，贯穿产业发展的全过程，主导技术进步、技术与产业融合、产业升级。在创新协同的背景下，传统供应链各环节的人才规格将难以适应智慧化供应链的运营要求，人才需求发生显著变化。从人才培养与人才发展的角度，具备敏锐的洞察力、果断的决策力、与时俱进的创新力、高瞻远瞩的全局观、合作共赢的发展观的高素质人才将会成为创新协同供应链体系各环节高效运转的动力之源。

二、建设逻辑

在新一代信息技术飞速发展的时代背景下，传统产业经过渗透、交叉、重组、融合，以新制造、新零售、新物流、新金融等新兴产业为代表的新型产业形态如雨后春笋般涌现，商业环境发生剧变。产业协同生态圈紧跟产业与高新技术的渗透融合、产业间的延伸融合与产业内部的重组融合的需求与趋势，面向特定产业供应链结构体系，依托共享与协同的理念，构建新产业供应链各环节创新协同运转机制。与关注企业内部价值创造过程的运营管理生态圈不同，产业协同生态圈着眼于企业外部供应链结构下各个环节的协同运转，以一体化、可视化信息数据为基础，以供应链内部物流、信息流、资金流循环运转为动力，连接带动供应链各个环节的战略协同、信息协同、信任协同、业务协同、分配协同、标准协同、文化协同，充分发挥价值链优势，构建竞争优势群，实现供应链各环节企业效益最大化。

值得一提的是，对信息技术产业与企业本身而言，技术同样遵循设计、研发、生产、销售的供应链环节。而除此以外的产业发展中，技术是驱动产业变革的强劲动力。从整体产业的变革到具体企业的发展，信息技术无论是在企业内部价值创造的过程中，还是外部价值传递、协同的过程中都发挥着不可忽视的作用。新时代的产业企业是生长在信息技术环境中的雏鹰，唯有融合技术的翅膀才能飞得更高。因此，产业协同生态圈将以信息技术为基础，向上承接数智化生态圈，着眼于以商业环境的全局、宏观视角下产业外部供应链的协同创新，向下对接企业内部运营管理，全面推动企业由内而外整体发力，产业从上游到下游全流程协同发展，形成整体循环向上的发展生态。

新商科产业协同生态圈逻辑如图 3－6 所示。

图 3－6　新商科产业协同生态圈逻辑

三、建设内容

新一代信息技术对传统商业模式形成巨大冲击的同时，“互联网＋”“智能＋”也为各行各业赋予了新的价值。产业协同生态圈在商业剧变的背景下构建，突出呈现了不同行业企业在不断变化的商业环境中通过内部运营与外部协同适应变化、主动变革实现创新发展的生态逻辑。企业，是产业协同生态圈的基本元素和落脚点。创新协同，是推进企业外部供应链各个环节有序运转、实现互利共生的关键纽带。产业协同生态圈重点围绕技术支持中心、产业协同中心、企业运营管理中心三大板块展开建设。

1. 数智化信息中心

在新一代信息技术催生新型业态、驱动传统产业创新变革的背景下，引入以互联网、云计算、大数据、人工智能、5G 等为代表的新一代信息技术，充分融合商业运作逻辑，建设以 MICD 数据中心、基于 Python 的大数据采集与清洗、商业事件大数据分析、商务智能数据分析与挖掘为核心，以技术为支撑、以数据为驱动的数智化商科教育科技生态。依托数智化信息中心建设，引导学习者熟练应用信息技术挖掘数据价值，理清商业逻辑，做出商业决策，通过可循环、可重演、可创新的数字化、智能化商业推演模式，培养商业运作具体过程实践技能、商业分析与决策能力、批判性思维与创新能力。

2. 产业协同创新中心

随着新制造、新物流、新零售等新型业态不断升级，创新协同将为产业发展和竞争格局革新带来优势力量。产业协同创新中心依据产业外部供应链协同机制，建设一体化、精细化、集约化、移动化的智慧供应链协同管理平台，为生态圈不同产业企业供应链的需求管理、计划协调、生产过程跟踪、产品交付、客户服务、信息交流提供一体化解决方案。依托供应商管理、经销商管理、需求管理等信息化系统，逐步引导学习者有效协调供应链内部各方资源，提升供应链整体作业效率，实现供应链整体环节“降本增效”。通过将产业协同创新中心与数智化信息中心实现数据共享与对接，打造以数据支撑科学决策的数智化发展生态，构建以商业环境为依据，以数据价值为核心，以商业决策为重点的商业精英成长体系，培养具备宏观商业分析能力、敏锐市场洞察能力、灵活协同创新能力的商科卓越人才。

3. 企业运营与管理中心

立足新制造、新物流、新零售、新服务等新型产业企业内部运营发展需要，围绕企业营销、采购、技术、生产、财务、人力资源等关键部门，集成智能财税中心、智慧审计中心、资产评估中心、营运与管理中心、商业实战中心，建立多层次、全方位的企业内部高效运营管理发展生态。应用多行业企业背景，全面呈现不同行业企业在财税处理、审计、评估、运营过程的特征与关键点，落脚于产业企业运营管理各阶段、各环节的实际问题，推进学科跨界融合发展，激发人才潜力，实现综合型、复合型人才培养的同时为人才发展提供差异化、个性化方向。

四、预期效益

1. 以企业需求为导向助力高素质人才培养

随着我国经济社会的发展和信息技术的提高，越来越多企业开始注重供应链构建，阿里智慧供应链中台 2.0 发布，目标是建立开放、高效、协同的社会化供应链体系，京东物流智能一体化供应链基地的建成，海尔供应链体系的完善，昭示着大企业对供应链的日益重视，表明供应链已经成为企业竞争制高点。

根据权威研究、咨询机构的预测，2020 年我国供应链市场规模将达到 20 万亿元。然而，我国供应链人才供给远远落后于市场规模，当前我国供应链人才需求增速每年达到 50%，人才缺口 300 万以上，特别是供应链所需的供应链规划与优化、供应链运营和供应链技术等中高端复合型供应链人才缺口更为严重，人才供需失衡。但是，供应链人才培养却捉襟见肘。目前只有 8 家本科院校开设供应链管理专业（预计 2020 年新增 17 所，总计达 25 所），少数职业院校、技工院校开设了采购与供应管理专业。如果学生从事供应链相关的工作，需要同时具备计划、采购、生产、物流等多方面的知识和技能。目前的供应链管理课程偏理论，学生通过理论学习，难以真正掌握供应链运营和设计能力。通过产业生态圈的构建，可有效培养具备现代供应链管理理念及较强管理、执行能力，包括在销售预测、采购计划、生产计划、物料计划、物流输送、进出口方面的全面的知识和经验的复合型高素质人才。

2. 以创新型实训基地为平台推动院校教学改革

产业协同生态圈以国家高等院校创新创业教育改革文件为指导，基于产业协同发展理念，结合院校协同育人理念，将区域产业协同发展的运作原理、技术、资源融入学校人才培养体系中，构建适应地方产业发展新方向的创新型实训基地。该基地建设以产学深度融合为抓手，营造仿真企业商业环境，让学生在高度还原的企业环境下进行岗位实践，缩短学生从单项技能到多项技能，从理论知识到实践能力的成才过程，为学生锻炼专业能力和综合素质提供良好的实践环境。

实训基地的构建以产教融合为核心，使学校和企业双方的关系由松散变紧密，学校通过与企业的紧密联系，探索校企合作模式下，推动院校人才培养方式、课程体系、教学内容、教学方法等一系列教育教学改革，制定适合企业需求和特点的课程培养目标，构建适合企业、社会发展的各种课程模块，形成围绕职业能力设计的模块课程体系，不断丰富专业教学内容，推动院校专业建设和课程改革。不断听取企业人士的意见，改进学校教学工厂和具体专业课程的结构，促进学校专业建设水平的持续提高，促进专业教学质量的不断提升。

3. 以人才为支撑推动区域经济高质量发展

产业是发展之本。推动经济高质量跨越式发展需以构建现代化产业体系为支撑，现代化产业体系建设的关键是产业协同发展，而人力资源是加快产业协同发展的重要支撑与核心驱动。当今科技迅猛发展，新知识、新工艺、新方法层出不穷，被大量用于生产、生活领域，使岗位职责拓宽、技术更加复杂，急需一大批知识技能型和技术技能型的人才。目前企业人才结构仍以传统工艺操作技能型为主，存在着年龄偏高、知识技能滞后于社会发展需要的问题，无法满足企业持续发展的需要，严重制约企业产品质量与经济效益的提高，阻碍当地产业的转型升级，不利于区域经济可持续健康发展，企业人才结构亟须优化升级。

产业协同生态圈构建基于对数字经济时代的产业结构转型升级发展新路径探讨和贯彻落实党中央、国务院有关发展现代供应链的决策部署，瞄准制约我国产业转型升级的薄弱环节，围绕重要支柱产业，聚焦解决人才供求结构性错配问题，进而在圈内构建降本增效、加速供需匹配、提高协同创新的现代供应链体系，有针对性地培养一批高素质、复合型供应链人才，为产业发展提供人才支撑。在优化人才结构的基础上提升属地企业核心竞争力，促进企业降本增效、资源有效配置、产业转型升级，推动区域经济发展质量变革、效率变革、动力变革，提升我国经济可持续高质量发展水平。

4. 以生态圈建设助力企业实现创新协同

2017 年国务院办公厅发布《关于积极推进供应链创新与应用的指导意见》（以下简称《意见》），首次将供应链的创新与应用上升为国家战略，为供应链发展提供了明确的大方向——协同为王。供应链协同关系的形成，不仅可以借助其他企业的核心竞争力来强化自身的核心竞争力，同时也将帮助自己的供应商和客户最大限度地提升他们的客户满意度，使整个供应链创造的价值最大化，构建协同供应链势在必行。然而，供应链协同管理理论引入我国时间并不长，在我国的研究和实践仍处于初步阶段，企业间在构建协同供应链方面缺乏经验积累和理论指导。随着全球化进程的加快，企业之间竞争日益激烈，加快对供应链管理的研究，引导我国企业通过供应链建立创新协同机制，对提高我国企业核心竞争力具有十分重要的现实意义。

产业协同生态圈创新之处在于结合现有经济背景和企业的生产经营特点，围绕企业降低成本及提升服务、快速对市场作出响应的核心要求出发，基于对供应链环境的企业内部、外部供应链协同进行研究，构建供应链协同管理平台实现有效信息共享来解决因信息不对称而产生的销售和生产的矛盾、各地区库存不平衡的问题，满足企业对广域分销渠道方面的管理；同时以企业运营管理系统为支撑，针对性解决企业内部信息系统的建设如审计、财务、评估等问题，促使企业内部实现良好协同运作；以数据共享、信息集成技术的实现，为协同供应链管理实施提供了可靠的基础。在对背景企业的外部供应链构建时，针对供应链企业的特殊性，提出了企业适用的供应链各种集成技术、协调和组织的解决方案，对同类型企业尤其是中小型企业构建协同供应链具有一定的借鉴意义。

第五节　新商科教育大数据研究体验中心建设

一、建设思路

新商科教育大数据研究体验中心依托新一代信息技术，以国家教育强国战略为指引，聚焦教育政策与商科教育实践中的重大现实问题，融合区域经济建设发展特色，立足创新型特色智库的定位与作用，打造数字化、智能化、一站式平台，充分挖掘、发挥数据价值，实现高效数据科学与人工智能教育。中心汇聚校政行企多方资源，产教深度融合，围绕数智融合的商科专业教学改革，基于大数据对商科教育质量监测与评估、商科人才供需现状等开展深入研究，为全国商科专业科研创新、教育教学改革、人才培养与就业指导提供一站式服务。

新商科教育大数据研究体验中心建设框架如图 3 –7 所示。

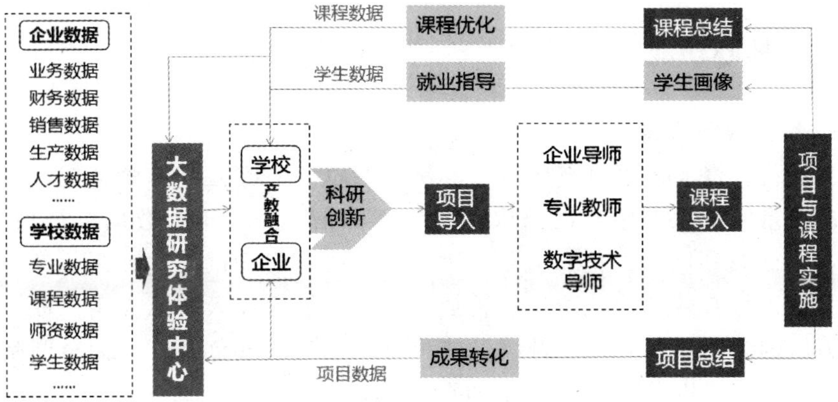

图 3－7　新商科教育大数据研究体验中心建设框架

1. 数字化

依托新商科教育大数据研究体验中心，开展数智融合的商科专业教学改革研究，推进教学资源数字化、教学过程数字化、教学成果数字化，推动实现“人人可学、时时可学、处处可学”的学习型社会。通过数字化专业教学改革，推动不同地区专业教师开展教学资源共建共享，突破区域教学资源不平衡、师资力量难共享的教育困境。

2. 智能化

依托新商科教育大数据研究体验中心，着眼专业教学过程、学生成长环节与路径，构建学生画像，改变传统经验式教学模式，让学生对自我发展的认识从以往教师的有限评判转为对自我学习过程的数据分析，推进商科专业教育从传统的集体教育模式转向对学生的个性化教育；开展教育质量智能监测与评估，基于大数据技术科学分析教学规律，密切监控学生发展过程，构建以教与学全过程数据为基础的过程与评价相结合、经验与数据相结合、人工与智能相结合的多元化评价体系。

3. 一站式

依托新商科教育大数据研究体验中心，基于院校学科专业建设与发展需求，集成科研与教学、就业指导与推荐等服务内容，为院校提供数据科学与人工智能一站式教学解决方案，协同教师将科研项目、创新创业思维融入课程教学，以研促教，以研育创。

二、核心功能

1. 科研服务支持

新商科教育大数据研究体验中心结合数据库、互联网等多种现代信息技术，从大量原始数据中自动获取重要知识和信息，基于大数据整合和分析，获取可“回收利用”的信息流量，大大减少外部资源的限制和影响。通过对原始数据进行有效提取、清洗、转换、重构，最后投入实际应用，极大推动高校科研理念创新发展，使科研工作更具使用价值和创新性，为全国院校的科研建设工作提供了前所未有的空间与潜力。

实现科学化选题——依托教育大数据研究体验中心，根据某个维度或与其他维度数据的关联性及对特定学生进行标签相似度对比，进行数据挖掘，得到学生群体模型分析，以此辨别出能体现社会效益的数据，作为科研课题申报的方向，从而提高科研选题的针对性和科学性。

加速科研成果转化——运用大数据技术，将科研过程中产生的新数据进行收集和归类，避免新旧数据混乱、出错，有效提高对外输出工作效率，提升科研转化生产力。同时基于平台高度集约力和分析算法，提供高效、便捷的数据分析方法，帮助合理有效处理科研数据，实现科研资料数据智能化管理，有利于转变传统科研理念，加速高校科研成果转化。

优化数据资源配置——利用大数据技术，采用信息化手段，构建研究数据共享复用平台，将不同层级、不同类别、不同区域的研究项目数据进行统一收集，实现数据的共享复用，有利于节约科研数据的获取成本，提高科研项目的工作效率，实现资源最优化配置。

2. 智能教学辅助

将智能化、数字化信息技术与专业教学充分融合，新商科教育大数据研究体验中心面向智慧课堂、翻转课堂、智慧学习等教学活动提供智能教学辅助，针对专业教学过程中的学情分析、学生评价、学生自主学习等环节提供便捷化、数智化解决方案。

智能化分析，精准施教——利用教育大数据研究体验中心，教师可以从多个维度分析学生对知识点的掌握程度，应用可视化图表等功能，锁定知识点弱项，根据学生学业整体水平层级，有针对性开展分组教学，对成绩一般学生，进行强化提升教学，从而避免教学效率低下，实现精准施教。

智能化引导，精准补强——通过学生岗位测评分析，利用可视化图表展示生成学生个人岗位能力测评分析报告，可从海量数据中归纳分析学生的岗位能力、技能竞争力、岗位技能掌握程度等状况，有针对性地帮助学生发现自身薄弱环节，科学指引学生进行个性化自主学习，同时能更好地把握教学重难点，实现精准辅导。

智能化评价，精准全面——基于教育大数据研究体验中心，可跟踪和关注学生的学习过程，记录学生的课堂表现，将学生德、智、体、美、劳等方面的表现数字化呈现，为学校、教师和家长提供直接、客观、准确的教育评价数据。

3. 学生画像绘制

实现精细化管理——教育大数据研究体验中心通过挖掘学生学习情况、行为活动、健康状况、兴趣特征等数据，形成学生个人用户画像、异常分析数据预警，精确掌握每个学生的学业水平、生活轨迹、社会工作及心理活动等，通过交叉对比分析，对学业困难学生进行精准辅导，对经济困难学生进行精准帮扶，对就业困难学生进行精准推荐，从而实现学生管理的精细化。

提升管理水平——依据全数据思维和大数据技术，基于院校内部业务系统，将学生成绩数据等进行量化分析，标签化描绘学生的学习特点、行为特征和社会关系，为学生主体绘制个体画像或个性化标签画像，将抽象宏观的院校治理过程转化成一种可见的、明晰的、透明的动态发展画卷，使之成为院校教育教学治理的利器，增强其发展、决策、管理以及创新的智慧性和可信性，形成更加优化的治理模式。

4. 就业服务支撑

实现个性化精准帮扶——以新生入校开始作为大学生职业生涯规划的逻辑起点，通过建立大学生职业生涯规划体系，每学期对每位学生学习、实践等方面的信息进行跟踪记录，利用数字化技术对学生个人的“岗位—能力—技能点”进行评估分析，形成综合的岗位能力测评报告，以此反映分析学生个人岗位能力优劣势和相应竞争力情况，从而引导其建立个人职业生涯规划，帮助他们做出切实可行的就业决策。

促成就业、教学联动发展——通过采集毕业生个人对应的“岗位—能力—技能点”实训成果，形成以学生岗位能力分析为主的岗位、能力雷达图，建立岗位胜任力模型，提供毕业生就业指引及优势岗位推荐。同时通过实习数据追踪、职业发展追踪，掌握学生基本情况并反馈到学生专业学习职业指导中，促进学校就业指导工作的深入开展。最终形成毕业生就业信息回馈于高校教学工作，社会岗位需求反馈于教学之中的动态管理平台，推进学校整体的就业服务、人才培养。

第六节　新商科研究院建设

一、建设思路

新商科研究院围绕新商科人才培养目标，通过构建政产学研用协同育人模式，以“学”为核心，政策指引为方向，服务企业需求和产业前景为基础。基于人才强国战略，政府为学校人才培养和科研创新提供系列的优惠政策支持和科研资金保障，学校向社会输出的大批量人才经过持续的人力资本转换、投入与驱动，为推动国家经济持续性发展提供了强劲的人才动力；与学校学科特色相关的产业以及企业联合学校，一方面通过校企合作实训基地，将专业教学内容和企业就职岗位技能进行深度融合，培养和提升学生的实践能力和职业素养，为企业发展提供充足人力资源库；另一方面，学校借助产业和企业实现将科研成果转化成为现实的生产力，激发产业转型升级和技术创新，推动企业进一步发展。新商科研究院通过智能教学辅助和自建专家智库服务于学校教学活动，助力学校加速科研成果转化和三教改革；依托项目合作各主体充分发挥自身优势联合参与新商科人才能力培养，相互配合，互联互通，互惠互利，实现各主体优势共享，助力新商科人才发展。

二、核心功能

1. 服务科学创新和科研成果转化

科研成果转化是实施国家创新驱动战略的重要任务，是加强科技与经济紧密结合的关键环节。以政产学研用为一体运行的新商科研究院，凭借其资源整合能力强，科研服务水平高的特点，具有将科研成果转化为实际成果的便利条件。作为助力新商科人才培养的“智囊团”，新商科研究院集合众多高水平行业专家、院校学者、企业骨干等专业人才，通过与院校开展项目合作、项目研究等方式，在明确知识产权归属的前提下，充分利用科研资源、先进的科研理念、实验室设备仪器等，为院校实现科研成果成功转化提供全方位服务。在研究成果产业化之前，通过评价指标体系对科研成果转化成功率进行分析预测，对研究成果在市场中的认可程度进行检验，并根据多方信息反馈为院校提供修正、改良的专业性服务，促进院校科研成果加速转化。

2. 推动院校“三教”改革

“三教改革”是当前高等院校提升教学质量的重要切入点。新商科研究院将信息技术与学科专业深度融合，针对院校教育转型升级和信息化教学的需求，面向院校教材研发、教师结构优化以及教学方法改革等教学内容提供智能教学辅助。运用智能化分析，明确企业需求、学科特色与课程内容之间的关联，辅助院校进行特色教材的开发，实现教材内容与企业需求精准对接；基于海量教学数据，在教学中应用信息技术手段对学生知识点的掌握程度和教学方法受欢迎程度进行分析，积极剖析现有教授课程的教学现状和问题缺陷，通过智能化系统评价多种教学方法的优劣性，辅助院校择出最优教学方法。同时通过让教师参加专业教学方法、心理咨询、信息技术实践与应用等模拟仿真培训，在实践中探索新一代信息技术在教学方法中的应用，加强实战技能掌握，提高自身实训指导能力。从学生需求出发改进教学措施，提升教学质量。

3. 助力商科专业人才培养

新商科研究院依托自建专家资源库，联合众多行内专业、企业专家、院校专家等全程参与本科院校和高职类院校新商科人才培养方案的制定。以数智化生态圈为技术支撑，基于MICD数据中心，结合新一代信息技术对教学数据进行挖掘分析，针对院校现有人才培养模式存在的不足提出数智化解决方案。结合院校专业特色和人才培养目标，针对性地提供“金课”资源建设、实验室建设、师资队伍建设、学科专业建设等，为打造一流专业和高水平特色专业群提供一站式配套教学服务。此外，新商科研究院与产业、企业界专家评审携手制定新商科岗位技能测评标准，基于岗位技能训练平台为学生提供商业实战技能训练，旨在为合作院校学生提供“1＋X”证书。通过多方位参与人才培养，精准对接企业需求，助力院校加快培养适应数字经济发展的复合型、应用型新商科人才。

4. 技术咨询服务

新商科研究院依托数智化生态圈，集结众多行业企业专家智慧和经验，凭借其掌握的丰富科学知识和前沿高新技术为孕育新兴企业和协助传统企业进行转型升级提供跨领域的技术咨询服务。基于多元海量数据库建立商业分析模型，借助大数据分析技术，针对企业预期效益、财务指标、市场认可度和风险水平等对企业经营现状进行分析评估，根据评估检测结果为企业定制个性化解决方案。通过协助企业选择最优的筹资融资手段、管理模式、风险防范与控制等，为企业创业提供优质的人才资源和高质有效的信息资源，派遣技术人员为企业生产研发提供技术指导等全方位服务优化企业结构，打破企业发展瓶颈，降低企业风险和成本，提高新兴企业创业和传统企业转型升级的成功率。

第四章　新商科智慧学习工场建设实践案例

成都工业职业技术学院财经管理学院（以下简称“财经管理学院”）瞄准学科4.0时代特征，深入探索基于人工智能、大数据、云计算、区块链等新技术带来的新兴业务模式、新技术应用、新产品服务，秉承“以学生为中心，让我们共同成长”的办学理念，实施“产教融合、融教于企、集团化办学、共建共享共育”的战略措施，致力于培养面向现代金融新兴先导型服务业以及社会管理领域的服务四川（成都）经济发展的财会、金融、电子商务等高素质复合型创新型技术技能人才，形成了会技术、懂产业、重应用、宽口径、深就业的人才培养特色。

财经管理学院聚焦域内新制造业、新服务业、新商业等行业领域的小微型企业、大中型企业对财经商贸类人才的不同需求，开设会计、会计信息管理、保险、互联网金融、电子商务、跨境电商六个专业，初步形成特色鲜明、紧密对接就业岗位（群）需求的财经管理专业群，领衔四川省骨干职教集团——成都市财经商贸专业职教集团，牵头引领省市财经商贸类专业、课程、实训基地及师资建设；与广州福思特、新道科技、中联集团、江泰保险等行业领军企业，西成都市中小企业服务中心、成都市代理记账协同等行业协会，清华大学电子商务工程实验室、北京中清研信息技术研究院等科研院所，以及四川财经职业学院、广州番禺职业技术学院、江苏财经职业技术学院、北京财贸职业学院等兄弟院校紧密合作，开展对标建设工作，引入大数据、AR/VR、云平台、财务智能机器人等技术，建有新道学院、互联网智慧财经中心、财税一体化实心中心、跨境电商人才培养基地、跨专业综合实训中心、财经文化科普基地等实验实训基地体系，实训基地总面积3000余平方米。

为了更好地赋能新时代财经新人才培养，更好地服务新时代、新经济、新产业体系建设，财经管理学院在教育部学校规划建设中心领衔的《智慧学习工场2020建设标准指引（试行）》和《新商科智慧学习工场（2020）（A）

项目手册》的指导下，聚焦新商科人才培养目标追求，立足自身新商科教育既有建设基础，采用探索新建、改造升级、提质赋能的模式，建立人才培养生态圈，创新人才培养体系，搭建新商科教育云平台，整合开发优质教育教学资源，建设产教融合型实践基地，探索开发学生职业能力画像系统，建设以财金职业能力发展为内核的研究中心，扎实开展了系列建设与改革实践，积累了一定成果与经验。

第一节　基于“工财一体”的新商科业财融合生态圈建设

财经管理学院将人才培养改革置身于数字经济时代企业发展大环境中，运用成都工业职业技术学院作为工科类高职学院的优势，深入调研分析“互联网+”下企业（尤其是工科类企业）业务财务一体化发展路径及人才需求，重构财务人才培养体系，建设新型商科业财融合生态圈。

一、建设背景

伴随着数字经济的飞速发展，以大数据、人工智能、移动互联、云计算、区块链等为代表的新一代技术革命带来的新业务与新商业模式的涌现，给企业的运营和管理带来了巨大冲击，促使企业不断进行运营模式改革和管理模式创新。众所周知，在企业运营管理框架中，业务管理和财务管理是两项基本内容，二者是否协调运行、精准对接，直接影响到企业的核心竞争力和可持续发展能力。因此，许多企业尝试打破部门之间的边界，摒弃传统会计事后稽核、管理的模式，将其嵌入到企业整个业务活动中，拓展到事前和事中，在采购、生产、运输、销售、投融资等各个环节实现精细化管理，实施业财融合运营与管理模式。

与此相适应，现代意义上的商科人才培养培训也要朝着行业化的方向进行，嵌入到行业企业的战略规划设计、业务流程中去，只有这样才能够适应甚至是引领产业发展，但这一点一直是高校商科人才培养的痛点和难点。为了使所培养培训的商科人才不仅懂财经，同时也懂战略、懂规划、懂生产、懂工艺、懂制造、懂业务，毕业之后能够进入制造、信息、物流、材料等行业领域的企业中，为更大范围的行业企业提供优质服务，遵循融合性原则，将财务和业务等有机融合，用“业财一体”的思路开展商科人才培养成为必须。

二、建设思路

财经管理学院利用成都工业职业技术学院身为工科类高职学院的优势，在产教融合、校企合作贯通人才培养全过程的基本遵循下，通过“政府+机构+企业+院校”的共享开放合作共建模式，整合政府、院校、行业、企业相关资源，以形成体系化的有职业教育人才培养特色、有新商科人才培养亮点、可借鉴可复制的基于“工财一体”的新商科业财融合生态圈为中心，坚持育人导向、任务导向、成果导向，借助“大智移云区”技术，强化新技术元素和应用场景融入课堂，着眼新型制造型企业对于人才提出的新要求，基于会计核算能力培养，跨专业融合会计、会计信息管理、税务、金融、市场营销、经济学、管理学、统计学、新工科等领域的课程，构建分阶段、多规格人才培养教学模式，将财务工作内容置入更加多元化和开放性的真实的新工科环境中，协同抓好人才培养方案修订、基于新工科的业财融合场景应用搭建、“工财一体”实践育人平台建设、“工财一体”实践基地建设以及新型“双师”队伍建设等重点建设工作，因需而智、精准施策，不断凝练育人元素，优化育人机制，科学打造育人场景，使得“工财一体”渗透专业体系、教学体系、教材体系、育人基地/平台体系等人才培养全过程、全环节，全方位实施“工财一体”双向渗透、双向培养，多维赋能，培养能决策、懂业务、会会计的技能型、应用型、复合型高素质管理人才。

基于“工财一体”的新商科业财融合生态圈建设思路如图4－1所示。

三、建设内容

1. 修订人才培养方案，搭建“业财融合”教学新体系

财经管理学院与广州福思特公司紧密合作，联动四川省内外财经联盟专家、规模企业及财经领军企业骨干，以及清华大学、西南财经大学、四川财经职业学院、成都市教科院等高校及科研院所专家学者，共同研究探讨新时代、新技术集群背景下工业类企业“业财融合”对财务人才的新需求，以此为基础修订会计人才培养方案，进一步明确符合“互联网+”下工业类企业“业财融合”发展的人才培养目标、课程体系、师资团队、教学计划和人才评

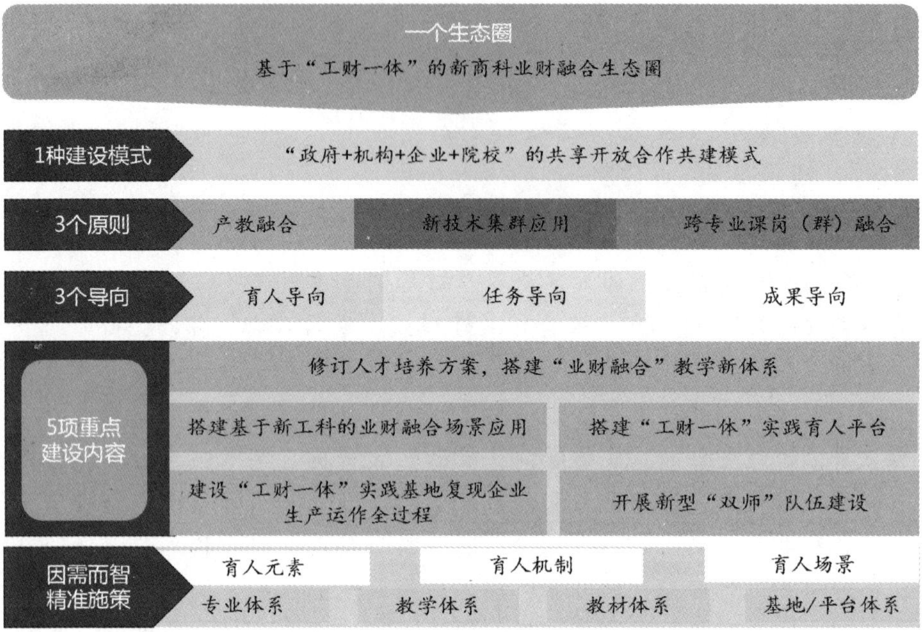

图 4-1　基于“工财一体”的新商科业财融合生态圈建设思路

价标准。按照新的财经管理专业集群课程体系，打破专业壁垒，以“大智移云区”技术为技术支撑，以新工科企业业务为纽带，有效链接各学科专业及领域知识，形成多维度、多层次、多角度的知识融合和重构，尝试编写基于“工财一体”的工作手册式教材、活页式教材。

2. 搭建基于新工科的业财融合场景应用

借助成都工业职业技术学院轨道交通、装备制造、建筑工程、汽车工程、信息工程、物流工程等专业集群领域的实验实训基地、课程、师资等方面的资源和力量，以任务为驱动，共同抓取“业财融合点”，将新商科人才培养和新工科人才培养有机融合，搭建“工财一体”人才培养新机制，运用大数据、人工智能、VR/AR 技术呈现课程内容、教学案例、教学项目、企业认知体验等，真实再现新工科企业业务场景、流程、规范等，所见即所得，增强实践体验感和获得感，深化学生的认知。

3. 建设“工财一体”实践基地复现企业生产运作全过程

通过与成都工业职业技术学院装备制造学院、轨道交通学院等二级学院合作，引入二产类企业等模式，合作共建“工财一体”实践基地，创建与企业真实生产经营管理类似的环境，将真实的岗位工作任务融入到人才培养过程中，为学生在校提供真实案例、真实数据、真实环境、真实工作任务，机动采用项目式教学、模块化教学、混合式教学、线上线下交互式教学、团队合作学习等教学方法和教学技术，使学生真正成为学习的主体，在情景化、交互化的学习环境中培养学生的岗位业务能力、职业道德素养和创新能力。

4. 搭建“工财一体”实践育人平台

借助移动互联、大数据、人工智能、云计算、区块链等新兴技术，打造未来智能工厂、智慧车间、智慧生产经营场地的生态环境，搭建“工财一体”实践育人平台，实施垮行业、垮学科、跨专业开展新商科人才联动培养实践，服务教学实践、科研创新与社会服务，为成都工业职业学院及财经联盟院校等的会计（会计信息管理）、电子商务（跨境电商）、互联网金融、市场营销、物流管理等专业在实践机制创新、治理变革、发展模式跃迁、技术革新、师资力量提升等方面提供基础支撑和咨询、技术服务。

5. 开展新型“双师”队伍建设

加强顶层设计和系统谋划，加强引进高精尖技术人才和专家，同时抓住专任教师队伍和兼职教师队伍协同培养的“牛鼻子”，抓好职前培训、入职培训和在职培训三个培养通道，按照青年教师—骨干教师—专业带头人（技术技能大师）—专业群带头人的教师成长阶段，通过专任教师队伍到企业顶岗、兼职教师队伍到学校任职、跨专业教师共育共享、教学团队授课，教师团队协同开发基于业财融合的课程体系、精品课程、教学资源，以及共同开展教研科研课题、产品研发、技术交流合作等途径促进教师队伍的多向流动、联合培养培训，打造新型“双师”队伍。

四、阶段建设成效

依托新商科业财融合生态圈，形成系统完备的“工财一体化”人才培养新体系，实施“工财一体”双向渗透、双向培养，多维赋能，实现新工科—新商科人才联动培养。一方面为学院财经商贸类学生提供了了解、认知、学习其他专业、行业领域的知识、技术、技能、素养、文化等的载体和路径；另一方面也为学校装备制造、轨道交通、现代物流、信息工程、建筑工程、汽车工程等专业集群领域的学生提供了接触、认知财经知识，学习财经基本技能和财务素养的软硬件设施、设备和场所。一方面，这有效促进了财经商贸类专业建设的开放性、交叉性、融合性和人才培养的跨界性、复合性、持续性，使得财经商贸类人才培养更容易走进制造、信息、物流、材料等行业领域的企业中去，为更大范围的行业企业提供财务服务。另一方面，也使得学校其他专业的学生具备初步的财经知识、能力与素养，有效促进其职业成长和终身发展。

第二节 “五商五能”商科人才培养体系创新

大数据、人工智能、云计算、移动互联网等新一代信息技术在行业中的广泛应用，标志着数字经济时代的全面到来。我国产业转型升级给企业经营管理带来了颠覆性的变化，工作方式、岗位职能、业务流程等出现的巨大变革对人才职业素养提出了更高的要求，具备知识复合、思维复合、能力复合的新型复合型人才成为企业亟需的核心力量。高等教育是人才培养的主力军，必须紧跟时代发展潮流，以企业用人需求为导向，创新人才培养模式，全面提升人才培养质量，方能向社会输送高质量复合型人才，服务数字经济发展。

在这一大背景下，财经管理学院始终坚持专业教育与素质培养有机结合，根据我国经济发展新常态与商科人才市场需求变化，从人才培养素质结构和能力框架两方面入手展开，研究确定新商科人才培养规格与标准；立足于复合思维与实践能力并重的人才培养理念，以“五商并举、五能并重”的人才培养原则为指导，以“四层级四主线”的课程教学体系为载体，围绕业务层实验、管理层实验、决策层实验和创新创业层实验四条主线，以及专业课程项目、专业课程实验、专业综合项目和跨专业综合项目四个层级，层层深入，通过信息技术与教学深度融合，校企合作持续深化，探索构建“五商五能”商科人才培养体系，培养复合型、创新型高素质商科人才。

“五商五能”商科人才培养体系如图 4－2 所示。

一、五商五能人才素质分析

从素质结构视角来看，根据个体思维方式、处事方法、智慧商数等不同可将素质结构细分为“五商”即健商、情商、美商、智商、财商。在“五商”素质结构中，健商是一个人成功且可持续的有力保障，是一个人生活、学习和工作的基础；情商可以使人快速感知自己及他人的情绪变化，并借此指导自己的思想和行为灵活应对问题，是领导力的重要构成部分；融合职业

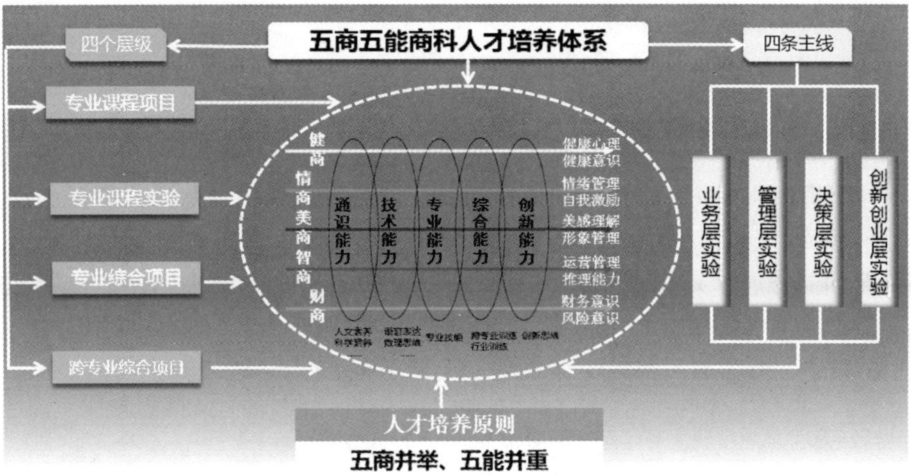

图 4-2 “五商五能”商科人才培养体系逻辑图

特性与个人特色的职场形象体现的美商是继智商、情商之后的职场新兴竞争力；智商是成功的核心要素，影响人的观察力、记忆力、分析判断能力、思维能力、应变能力等多个方面；财商反映人在经济社会创造财富、驾驭财富及应用财富的能力，是与智商、情商并列的现代社会能力三大不可或缺的素质。培养高素质新商科人才，必须致力于提高智商、激发情商、培养美商、发掘财商、提升健商，实现“五商并举”。

从能力框架视角来看，根据个体优势、企业需求、表现的活动领域等不同可将能力框架细分为“五能”即通识能力、技术能力、专业能力、综合能力、创新能力。在“五能”框架中，创新能力指在活动中创造出独特的、新颖的、有社会价值的产品的能力，具备创新能力可将“专业知识”转化成“创新成果”，提升企业核心竞争力；技术能力是大数据时代对新商科人才提出的新要求，要求人才在熟练掌握基本业务软件操作的基础上，擅于运用新一代信息技术与工具高效分析、提炼有效信息支持科学决策；综合能力是衡量一个人效用价值大小的标准之一，新时代下岗位职能拓展至企业的经营决策、管理控制以及预测分析等领域，要求人才具备处理跨业务的综合能力；专业能力指聚焦在某个领域的学科知识和技能在特定的情境中进行转化与整合所形成的能力，是胜任某一职业岗位的必备条件；通识能力是在综合科学素养、人文素养、职业素养等基础上形成的职业判断能力，可以帮助人在复杂多变的商业环境中灵活处理业务，协调人际关系。当代教育的重大特征是学科交叉，知识融合，技术集成，实现“五能并重”是培养复合型人才的必然要求。

二、“四层级四主线”的课程教学体系

“四层级四主线”课程教学体系的设计，是对接现代企业运营管理中的不同环节和流程，以培养复合型、创新型高素质商科人才为价值追求，依据人才培养和能力成长逻辑，按照项目式课程群的思路，理虚实一体，循序渐进地培养学生在特定领域的职业能力与素质，呈现为一个以“四层级”为纵轴，“四主线”为横轴的课程教学体系坐标，如图 4－3 所示。

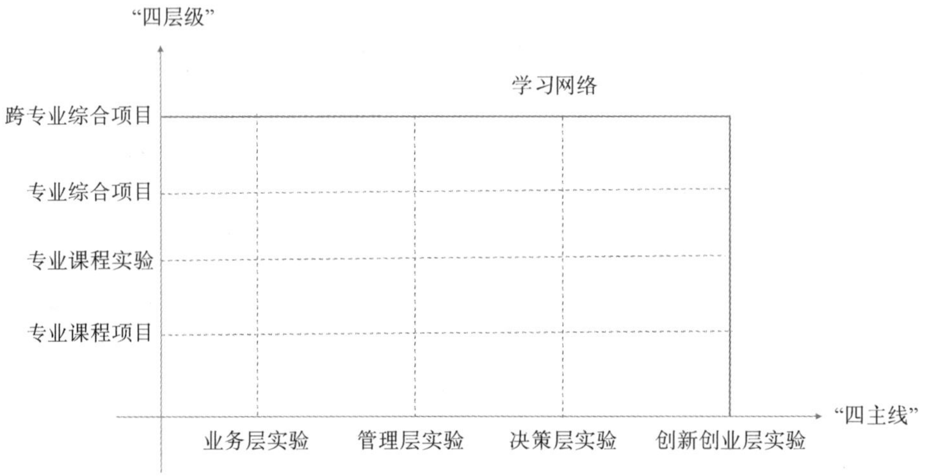

图 4－3　“四层级四主线”课程教学体系

从人才培养“四层级”维度来看，专业课程项目以学生为中心，翻转传统的知识授受模式，按照学生知识与能力建构逻辑，将课程内容分解为一个个前后接续的项目，以项目化的方式开展教学；专业课程实验借鉴工程学领域“构思、设计、实现、运作”的 CDIO 项目教学模式和以成果为导向的 OBE 理念，解构专业课程知识点，用完整的实践过程来重构、重现课程知识点，让学生从“背书”向“做事”转变，从被动接受向主动探索发现转变；专业综合项目以专业核心能力与素质培养为核心，打破课程之间的壁垒，以“能力”为基准整合不同课程要素和内容，形成一个个侧重不同的专业综合项目，针对性培养学生的专业能力与素质；跨专业综合项目则是基于新技术集群应用和现代产业变革对跨界思维、跨界能力、跨界人才的新要求，按照跨

界整合、融会贯通、协同培养的思路，以项目为依托，将跨两个甚至多个专业的知识、能力与素质培养有机整合到一个教学项目中，致力于培养学生的跨界思维、复合型能力和创新创造能力。

从人才培养“四主线”维度来看，业务层实验是基于企业真实业务，以工作过程为导向，复现企业真实业务过程并将其教学化，让学生通过完成一个个真实业务工作，在实践实验中获取对企业业务的认知、培养业务操作的能力和素质；管理层实验是将企业管理新理念、新模式和新实践转化成教学内容和实线项目，培养学生从管理的视角思考问题，对基于新技术集群应用的新管理有比较清晰的认知，初步养成管理的意识，具备基本的管理能力与素质；决策层实验站在战略管理、顶层设计、决策部署的高度，以决策链为导向，以决策案例为牵引，聚焦决策前的考察、决策过程及决策后的指导反馈、督查等决策活动全环节，培养学生对决策的正确认知，初步养成科学决策的意识，具备基本的决策能力与素质；创新创业层实验响应“大众创新、万众创业”口号，围绕数智财经，设计系列化的创新创业理论课程模块、实验实践项目、创业项目，培养学生创新创业意识、能力和素质，为中国经济新发动机和新引擎建造贡献新商科力量。

第三节　新商科教育云平台建设探索

新商科教育云平台是商科教育数智化转型的重要载体和平台，旨在为学校提供教学管理、教学评价、教学诊断等一体化的教学解决方案。财经管理学院基于新技术集群应用，立足新商科教育特征和自身人才培养目标，与行业企业合作搭建平台，推进教育教学资源上“云”，随新产业变革和新技术发展不断动态优化平台，更新教育教学资源，改进教育教学管理、评价与服务机制，打造学生永不毕业的终身学习时空。

一、建设思路

以 OBE 理念为引领，以“大智移云区”为技术支撑，对接新商科专业集群人才培养目标，按照学生职业能力成长逻辑，重新梳理毕业生能力与素质要求，优化课程体系，颠覆传统教学与管理模式，建设包含智慧教育课程资源管理、教学过程管理、综合评价等系统的新商科教育云平台，让学生的学习进阶和职业成长“上云”，实现学生学习与成长数据可视、可抓取、可追溯、可分析，基于此进行教学诊断与改进，持续提高教育教学质量，促进学生的综合能力与素质成长。具体来讲，一是通过教学资源的管理、组织、应用、成绩反馈、教育大数据预测等方式，有效解决老师对信息化教学的需求。二是依托学生画像、职业规划、教学诊断等内容，对学生个性发展展开深入研究，为每一个学生提供个性化的学习需求、学习风格、学习方向，创设一个量身定制的学习环境和个性化的课程。三是从学生的学习行为、考试分数到职业规划等所有重要的信息，全方位帮助学生进行自我诊断和分析，自我优化和改进，自主成长。四是建立人才培养质量跟踪机制，运用大数据分析促进教学诊断与改进，实现精准职业规划、精准教学改进、精准分类培养、精准就业的目的。

新商科教育云平台体系架构如图 4 – 4 所示。

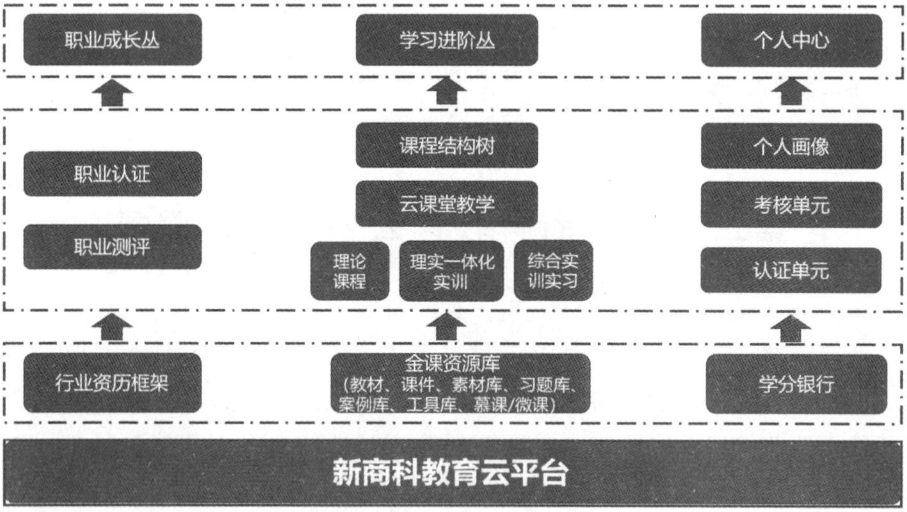

图 4 – 4 新商科教育云平台体系架构

二、建设内容及功能架构

1. 云备课系统

以 SaaS 平台搭建移动备课、合作备课、高效备课平台为基础，以配套教材体系为依据，以建成满足“教、学、练、考”全过程的教学资源为目标，建设系统化、多样化、数字化、静态与动态相结合、理论与实践相匹配的丰富资源。通过大数据、共享技术手段，为新教师快速成长提供借鉴，为地域之间、院校之间、教师之间提供学术交流、师资共享的渠道。

系统提供三种方式备课，分别是：新建备课、模板备课、小组备课。备课提供明确的资源分类帮助老师整理使用，资源类别包括教材、教学计划、教案、课前导读、课后作业、课件、章节测试、图片、动画、微课等，可以更好地满足老师备课和教学的需要。

（1）新建备课

新建可添加课程基本信息时，需要选择课程名称/自行输入课程名称、输入课时、设置是否私有/共享（共享时可设置他人下载积分）、选择内置课程封面/上传课程封面、输入课程简介、选择课程专业、选择内置计划/上传教学计划/编辑计划/选择在线计划完成备课的基本信息录入。系统根据课程名称及相似度，智能推荐教材，将匹配度较高的教材显示在前。在选择教材的页面显示教材名称、教材目录、内容简介、作者、出版日期。老师可以自主选择教材，选完教材后默认引用教材的章节目录。

同时，系统拥有教案、课件、习题等教学资源的分类、溯源、搜索、收藏、预览、删除等功能。同时，课堂资源、课前导读、课后作业、章节测试以习题的形式展现。“自动抽题”根据章节自动抽取相应的题目。习题可根据类型分为：单选题、多选题、不定项、判断题、填空题、实操题、综合实训；根据来源分为：习题库、在线资源、收藏资源；根据排序方式：相关性、最多下载、最多上传；根据难度选择：容易、中等、较难，老师可以进行筛选和排序。

设置习题的添加、编辑、删除、导出、导入、引入功能。题型分为单选题、多选题、不定项、判断题、简答题、填空题、语音题、分录题、实操题、综合实训题等多种题型。题型难度有容易、中等、较难三种。题库分为习题库、试题库两种库型。其中实操题、综合实训题更加注重“理实一体化”，提供专业的单据供老师出题。单据大类分为财管类、财务类、成本核算类、工商类、税务类、外汇类、银行类、证书类、社会类、海关类等多种大类近千种实务单据模板。

完成备课后，可将其设置为“已完成”状态，系统根据课程的章节及完成的情况，自动计算出课程的完成进度。

（2）模板备课

老师备课的课程设置为共享时，将显示在课程模板区域。当进入该页面时，与老师所教课程符合度高的将显示在前。模板课程显示课程名称、适用专业、备课老师、学校、使用教材名称、作者、出版社、课程简介、星级评分、引用/收藏次数、查看评论、收藏。同时也根据相应的学段、学校、专业、课程、教材、排序方式进行筛选和排序。在模板备课的“查看课程”可查看课程的详细信息，包括配套资源：课前导读、教案、课件、课堂资源、章节测试、课后作业、课堂练习、课程录像、教学计划，还可查看老师其他课程、引用积分等。

（3）小组备课

小组备课时，可以新建小组名称、任意添加小组成员、设置组员权限和查看成员的备课进度。小组备课的沟通工具可以切换隐藏和显示，可及时在线交流备课情况及问题，支持共享文件、查找联系人、查看个人资料、设置权限章节及备课权限、聊天记录查看、导出聊天记录、清空聊天记录。

负责创建小组备课的人员视为组长，当组长创建一门课程，添加小组成员时，小组成员登录账号后根据组长设置的相应权限进行备课，备课的进度将及时更新。

2. 智慧课堂系统

（1）概述

随着人工智能、大数据等智能信息技术的快速发展，技术与教学的融合不断加强。而聚焦于核心素养的新课程改革的不断深入，对智慧课堂的升级发展提出了新的要求。在智能时代背景下，利用智能信息技术构建智能、高效的新型课堂，探索智慧课堂的升级发展，是推进人才培养模式和教学方式变革、促进教育信息化深化发展的重要抓手与落脚点。

以搭建移动学习工具架构为基础，以挖掘学生学习兴趣和促进学生主动探索、学习为目标，通过智慧教育课堂管理系统培养学生在现代化、信息化时代背景下的新型学习模式。借助电脑端加智能手机端，互联网加云终端、云计算服务器，构建人人皆学、处处能学、时时可学的开放型学习环境，实现智慧教育平台+移动学习。

（2）平台架构与优势

智慧课堂的智能化服务平台是基于人工智能、大数据、云计算、物联网等智能信息技术而打造的智能化教学服务平台。平台环境架构由运行平台、硬件终端、软件搭载、网络架构等组成“云—台—端”智能化服务平台。“云—台—端”智能化服务平台构建了智能化的课堂教学服务环境，提供资源服务、互动服务和教学工具，如图4-5所示。

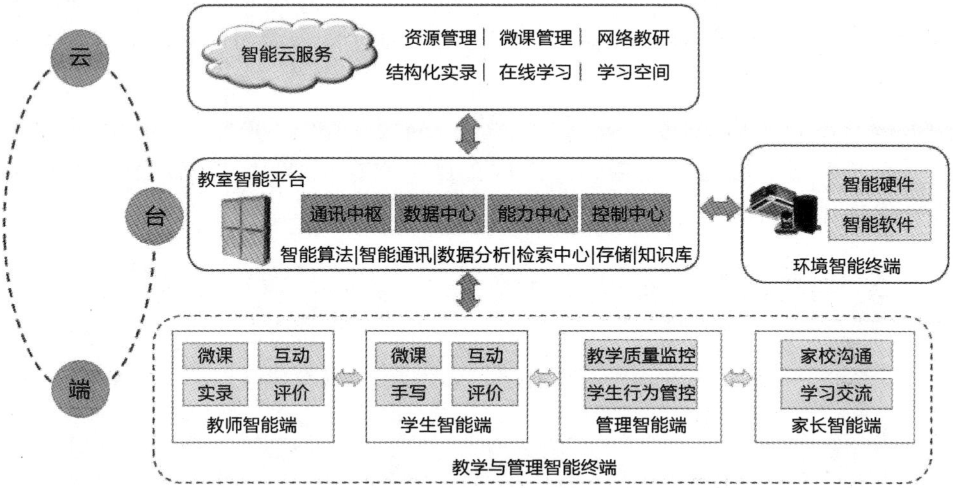

图4-5　“云—台—端”智能化服务平台架构

3. 云考试系统

(1) 概述

“SaaS云考试”系统应用示意通用考试管理系统。将传统的培训考试与先进的网络模式相结合，使用户可根据自身特点快速构建考试、测评、练习、竞赛、调查、分析及管理于一体的网络化考试平台，可轻松完成全员考试、技能考核、岗位评估、产品认证、客服测评、能力测试、销售选拔、渠道考核、招聘评鉴、新员工入职考评、需求调研、问卷调查以及知识竞赛等工作。

“SaaS云考试”系统采用功能强大、高效灵活的全新B/S模式，具有高度的可扩展性，被授权的考试用户不管身处何地，只要可以使用网络浏览器（系统支持所有主流浏览器），就可通过网络登录在线考试系统，参加在线报名、在线考试、在线调查等。

“SaaS云考试”系统实现了按题型随机抽题组卷、在线考试、题库管理、系统管理的功能，能够对客观题在线评分，主观题人工判分。用户登录成功后，阅读考试须知，之后选择考试科目进入考试页面，完成相应科目考试，自动给出考试成绩。系统管理实现了对题库、考生信息、考试成绩、考试科目的统筹管理；题库管理实现了对试题的添加、编辑、删除功能；考生信息管理可以添加、修改、删除、查询考生信息等。

通过应用云计算等新技术手段对考试数据进行智能分析，打造一体化、智能化、个性化和便捷化的技能型考试管理平台。依托题库资源，有效解决学生实训考核难等问题。每场考试生成独立的分析图表，了解学生知识的掌握情况，全方位地帮助老师掌握教学进度。通过分析学习轨迹，查找教学的薄弱环节，提供改进意见。

（2）平台架构

系统由用户层与客户端、公共服务层、数据服务层、基础设施服务层、安全保障体系和运维管理体系等组成，如图 4－6 所示。

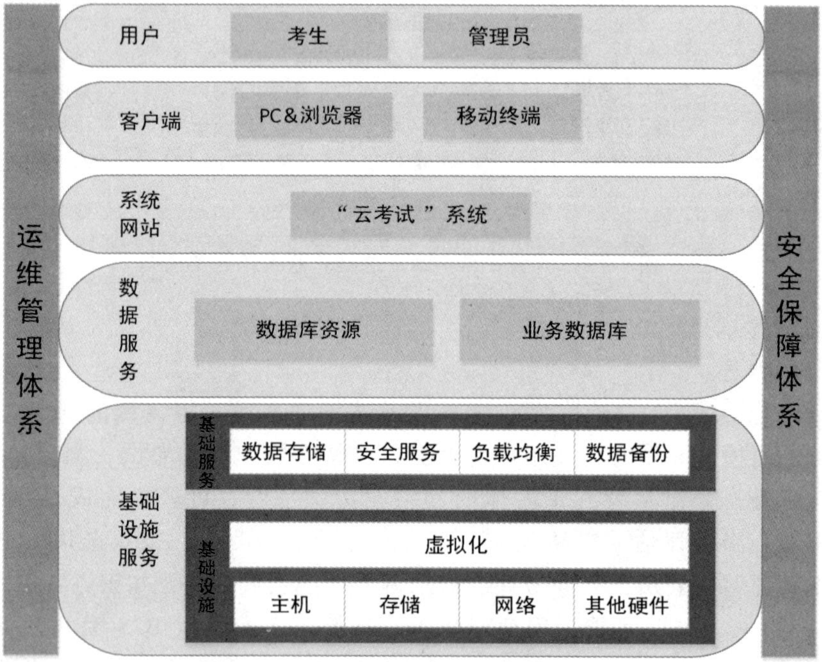

图 4－6　云考试平台总体架构图

系统采用 B/S 架构开发，即浏览器和服务器结构。B/S 架构的优势明显，可以在任何地方进行操作而不用安装专门的软件，对操作系统无要求，在 Windows、Linux 系统下，以及苹果手机、安卓手机都能正常使用。

平台采用 SSM + Maven + VUE 技术实现，开发语言使用 Java，数据库 MySQL。“云考试”系统部署利用云计算的网络安全设备对互联网网络安全进行防御，对系统进行安全定级，确定系统之间的信息传输要求。根据项目的需求定级，将系统部署到对应安全域。系统部署于云计算，其物理安全、主机安全及网络安全由云计算平台提供安全保障，满足安全要求。在此基础上，项目组需要针对虚拟主机系统安全、应用安全、数据安全针对不同等级安全域的系统设定不同的安全防护措施。

（3）设计原则

先进性，规范性，兼容性——采用主流系统架构设计，实现数据访问、业务处理、用户体验分层次处理，以多线程、异步运算方式，实现快速、高效的运算能力。前端技术基于国际 W3C 规范，能够兼容主流的浏览器。

易用性，安全性，成熟性——用户管理界面友好，容易掌握，无须学习。通过采用数据访问验证，包括录入验证、查询验证、内部验证，有效防范常见的网络攻击，如 SQL 注入。系统平台的框架稳定、可靠，经过项目历练，技术成熟。

通用性，可扩展性——使用户可根据自身特点快速构建考试、测评、练习、竞赛、调查、分析及管理于一体的网络化考试平台。同时，在系统数据库和系统框架设计时，采用低耦合性模块化设计，统一标准和接口，便于将来系统进行功能扩充。

（4）平台优势

“SaaS 云考试”系统是一款集试题库模块、试卷库模块、组卷模块、考试管理模块、报名模块、统计分析模块、系统设置、系统工具等功能于一体的便捷考试系统。实现资源共享并为用户提供可操作的模块流程以及强大的、集成化的、完整的在线优智考试平台流程。此外，平台充分考虑安全功能，保障在线考试的顺利进行，具有防作弊功能、自动答题保存功能等。

4. 成绩分析系统

（1）概述

学生成绩分析管理系统以本校的学生成绩分析需求为基础构建，考虑学校现有系统对学生总体的衡量主要以学习成绩为标准，普遍不能从综合素质，如智力、德育、体育等各方向对学生进行综合素质的考量，为能通过学生的成绩全面衡量教育教学效果，为用人单位提供综合的素质评定依据而构建此系统。基于社会、企业等对人才综合素质的需求变化，进行以成绩、行为等各项积分数值分析为基础，全面揉合、精准输出用户行为数据，针对资源应用、课堂情况、学生成长表现、评价考核等相关数据详细跟踪、精准分析，从不同角度为教师、学生不同角色输出智能化提升建议。

（2）平台架构

在设计系统的总体结构时充分考虑了功能的完整性、系统的效率、可靠性和可变更性。按照结构化系统设计的思想，新系统共划分为 3 个模块：系统管理、基础数据管理、成绩管理。为了保证系统的便捷性、可靠性，基础数据管理中的各项设置一次性完成，以后按学期进行成绩录入即可。设计过程尽量减少模块间的耦合，通过添加私有过程及函数调用，来增强模块的内聚，以便于系统的维护，如图 4－7 所示。

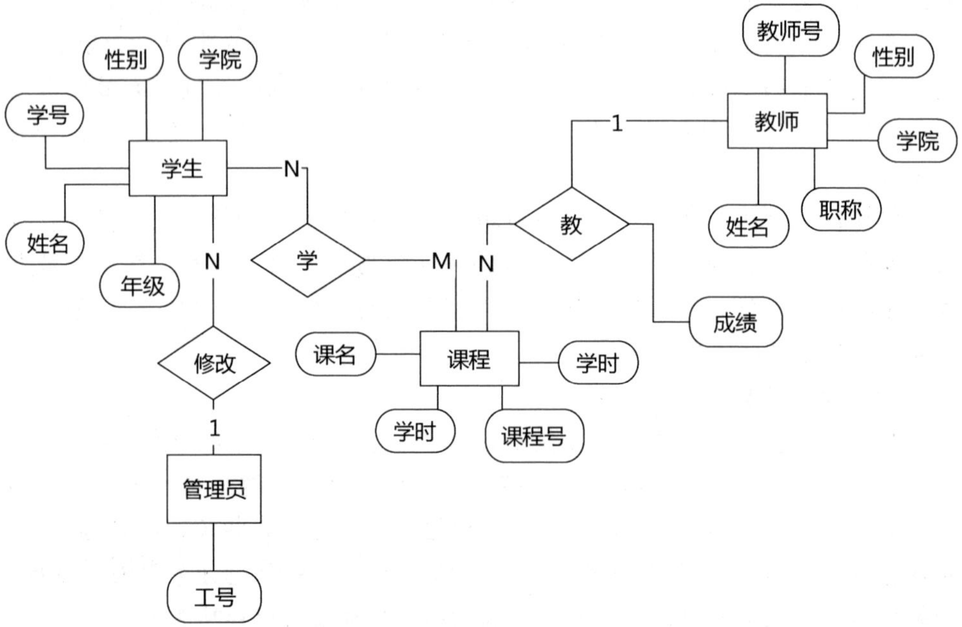

图 4－7 成绩分析平台总体 E－R 架构图

5. 智能认证系统

智能认证系统包括培训、考试、学分转换与认定、网络课程学习成果认定、职业资格证书认定等功能，将职业能力认证与职业岗位的具体要求紧密结合，直接、准确反映学生在特定职业实际工作的技术标准和操作规范的能力，激发学生的学习动力，推动多元化学习。集成教育数据挖掘与学习分析技术，学生通过智能认证系统进行职业技能训练，持续采集学习行为数据，全面客观记录学生成长轨迹，全维度做好学生职业能力画像，帮助管理者全面认识学生，为学生职业发展与规划建立提升与认证的路径。

6. 智能就业力测评系统

（1）概述

智能就业力测评系统通过对学生职业倾向、能力特点、性格特征、职业能力等方面内容的测评，让学生可以清晰掌握自身的优势，及时调整自己的职业规划，职业倾向测评完成后，平台会根据学生的实际能力，推荐符合该学生的当前学习状态能获得的岗位工作，学生选择其中的一条岗位路线，添加到自身的学习计划中，让学习目标的实现有迹可循。系统面向企业人力资源管理部门提供人才招聘、选拔的决策依据，通过对学生职业能力、职业倾向等方面数据的分析，实现人才培养供给侧和岗位需求侧结构要素全方位匹配，助力教育服务市场供给模式完善与高效。

（2）系统功能

①学生画像

建立数据接收接口，导入其他实训平台课程的学习数据、学习行为、学习成果数据，根据人才培养目标及学生学习达成度进行学生画像，基于大数据预测与分析的基础上，将学生的学习数据进行个性化分析，了解学生综合学习状况。实现学生从入学到毕业整个在校期间学生学习情况的动态报告，实现精准学生画像。

A. 基础画像：通过分析学生入学时的基础信息、专业能力、职业倾向测试结果，把握基点，以职业能力基地报告为基点，把握每一个入学学生的职业能力，实现准确的人才评价。

B. 过程画像：通过动态分析学生在校期间的各种思政素养、专业能力、职业素质等，动态化呈现学生作为准职业人身份的职业能力成长。以职业能力成长报告为基础，结合评价与建议，更好帮助学生进行自我的诊断与分析，实现自我优化与改进。

C. 毕业画像：基于大数据预测与分析的基础，根据学生在校期间的所有历史数据，分析学生的思政素养、专业能力、职业素质，面向学生展示职业能力的层次报告，实现理想岗位与能力丛的推荐，有针对性地进行学生画像评价，是实现学生向职业人身份转变的必不可少的就业指引。

②职业规划

A. 职业倾向测试：学生通过平台提供的职业倾向测试进行测试，让学生可以清晰掌握自身的特点及时调整自己的职业规划，职业倾向测评完成后，平台会根据学生的实际能力，推荐符合该学生的当前学习状态能获得的岗位工作，学生选择其中的一条岗位路线，添加到自身的学习计划中，让学习目标的实现有迹可循。

B. 理想岗位与能力丛：以新商科课程为依据构建新商科岗位与岗位能力丛，根据综合评价数据，学生选择理想岗位，系统规划该岗位对应的能力丛，实现为学生进行职业规划，让学生可以清晰掌握自身的特点和优势，以及理想岗位的要求，及时调整自己的职业规划，实现精准就业。

第四节　新商科优质教学金课资源建设

财经管理学院在《国家职业教育改革实施方案》（国发〔2019〕4 号）、《职业院校教材管理办法》（教材〔2019〕3 号）、《高等学校课程思政建设指导纲要》（教高〔2020〕3 号）等文件精神指导下，紧扣“五商五能”商科人才培养核心，坚持“课程思政”，以“信息技术 + 智能技术 + 专业教学”统领建设思路，打造新商科专业集群教学金课资源体系，将商科新知识、新技能、新业态、新模式及现代信息技术手段融入课程教材，改革教学方式方法，全面提升教学质量。

一、建设思路

以习近平新时代中国特色社会主义思想为引领，坚持立德树人，准确把握职业教育的类型特征、基本规律和发展实际，全面落实高等学校人才培养的根本任务和根本标准，立足新商科人才需求和教育特征，以培养“五商五能”商科人才为目标，以新商科智慧学习工场项目建设为依托，与以广州市福思特科技有限公司为代表的行业知名企业合作，组建课程联合开发团队，扎根产教融合，充分运用现代信息技术手段，在对新商科人才社会需求全面调研的基础上，理顺课程建设相关要素之间的逻辑关系，以国家财经商贸类专业教学标准为蓝本，遵循“课程标准—课程内容—课程设计—课程实施—课程优化”的建设流程，全面重新梳理现有课程体系，淘汰“水课”，打造“金课”，重构具有高阶性、创新性、挑战度，体现新技术、新业态、新理念，满足新时代学生学习需求、适应现代技术发展、体现专业技术革新的新商科课程体系。

二、建设特色

1. 彰显高阶性、创新性、挑战度

“金课”本身就是现代质量观理念下诞生的产物，是现代社会标准化生产方式向教育领域的延伸，具有高阶性、创新性和挑战度“两性一度”的标准要求和特色。财经管理学院在建设新商科教学金课资源的实践中，极力彰显其“两性一度”标准要求和特色。首先，彰显高阶性。有机融合新商科的新知识、新能力和新素质，着力培养学生解决复杂问题的综合能力和高级思维，要求教师必须要转变教育教学思想观念，以学生为中心，在设计课程教学时回归教育本真，实现知识传授、能力培养和价值引领的高度有机统一。其次，彰显创新性。教学内容要创新，以财经商贸类专业最新研究成果、具有前沿性的新技术和行业发展紧密联系在一起的新知识、新理论为主线；教学形式及时变革，以学生为中心，有机融合信息技术、智能技术和专业教学，让课堂“活”起来；学习结果评估要多样性，不用统一标准要求不同学生，体现个性化，充分挖掘学生的潜力，把学生的个性特点、兴趣爱好、专业特长等都发挥出来。最后，彰显挑战度。剔除简单、重复、陈旧的知识、模块和项目，知识教授有广度和深度，能力培养有梯度和高度，有助于激发学生的潜能，培养学生的拓展应用能力、系统思维、创新思维和批判性思维。

2. 体现新技术、新业态、新理念

新商科人才培养的关键在于优质教学金课资源建设，推动翻转教育教学模式，而其根本途径是将新技术、新业态、新理念引进新商科课程体系建设。财经管理学院在建设新商科教学金课资源的实践中，十分注重在课程体系建设中体现新技术、新业态、新理念。首先，体现新技术。在数字经济（共享经济）时代，数字化的知识和信息已成为新的关键生产要素，应对这一变化，一是在课程教学内容里加入数据挖掘、分析、运用能力培养等新要素；二是加强新商科教育云平台建设，促进“云—台—端”交互融合，借助“大智移云区”技术变革教学形态和模式。其次，体现新业态。万物互联、人机物共融和企业之间平台化生态体系竞争格局、新商业模式、跨界融合生态、在线社交、众筹众包众创众智模式等，在经过“教学化”之后，成为新商科课程内容的有机组成部分，成为连接教师、学生和现代产业经济体系发展的桥梁。最后，体现新理念。一是结合新商科教育特色和财经管理学院学生学情，将五大新发展理念、共享经济、协同消费、数智化等新理念以通俗易懂的方式融入课程教学内容；二是在课程改革过程中践行学生中心、成果导向教育、探究性学习、创生性课程、终身教育等课改新理念和教学新理念。

3. 突出时代性、持续动态更新

伴随着新一代信息技术的快速席卷，新商业、新业态、新模式不断涌现并日益发展壮大，对从业人员的能力与素质提出了新要求，体现在人才培养方面要求教学内容适应经济发展方式转变和产业结构调整对从业人员的新要求，这就要求课程体系根据时代特征及时进行调整以适应技术进步和产业升级。财经管理学院在建设新商科优质教学金课资源的过程中，强调把握时代特征，认为“金课”是时代的“金课”，贵在其时代性。因此，在梳理重构课程教学内容的实践中，注重剔除不符合新时代经济社会发展特征与需求的内容和素材，新增契合新时代经济社会发展特征与需求的内容和素材。同时，聚合政、行、企、校、研多方资源和力量，建立课程体系建设动态调整机制，及时根据技术发展和产业变革动态调整，新增所需课程，取消过时课程，优化必须课程，构建以服务区域现代产业经济体系为出发点的、以能力为本位、基于岗位需求、注重职业素养养成、兼具稳定性和灵活性的“专业集群课程池”作为课程体系动态调整机制的实施载体，不断提高新商科人才培养的适用性。

三、建设案例1：大数据导论课程建设

为了培养学生对大数据及其应用的基本认知，培养数据挖掘、分析和应用基础能力，为后续专业学习打好基础，以新商科智慧学习工场项目建设为依托，学校与广州市福思特科技有限公司合作共建课程开发团队，联合打造大数据导论课程。

1. 建设思路

大数据导论作为一门现代信息技术在新商科教育中应用的课程，不能过于专业和深奥，而是应该起到大数据知识普及、大数据基本处理能力奠基的作用，因此该课程理应定位为底层共享的商科专业集群基础课程，其人才培养定位相应转变为“为具备大数据基础知识和掌握大数据基本处理能力而学习”。基于此，大数据导论的开发与建设探索，正是通过构建与大数据技术、新经济新商业新业态发展同步的课程内容，以任务为导向，探讨大数据在新商科专业集群中的应用，建设理论和实践应用相结合的课程体系。将理论解

构、任务驱动、案例分析等有利于增强学生综合能力与素质的教学模式做进一步的深化，形成学校、企业、社会贯通的适应新经济、新业态、新模式的人才培养课程教学体系。

依据大数据导论建设的定位和目标，其课程结构设置的总体指导思想是，以大数据基本概念、基本处理方法为理论，强化与新商科教育的联系。教学侧重点向强调知识运用的任务教学上倾斜，进一步强化任务驱动教学，真正践行理虚实一体的教学理念，如图 4－8 所示。

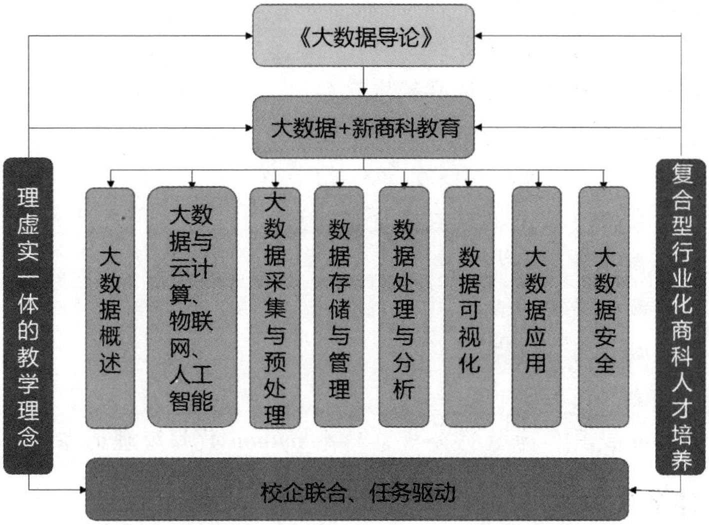

图 4－8　大数据导论课程结构体系

2. 建设措施与成效

（1）以任务为驱动优化教学内容

依据复合型行业化商科人才培养目标和理虚实一体的教学理念，借鉴数字化教材、活页式教材建设形态，通过整合大数据相关理论知识，简化或删除与 EXCEL 在会计中应用、互联网金融等后续课程重复的内容并与之有机衔接，以解决实际工作问题为目标，以需求为导向设计教学任务，构建与大数据技术发展、新经济新商业新业态发展同频的大数据导论课程教学内容。以大数据在电子商务中的应用为例：

任务5：大数据在电子商务中的应用

一、任务目标

1. 数据思维培养目标

（1）培养学生对电子商务的了解。

（2）培养学生对商品信息的基本认知。

（3）培养学生对商品数据的处理方法。

2. 数据能力训练目标

（1）了解京东平台上抓取商品信息数据。

（2）熟悉商品数据分析。

（3）掌握数据清洗方法。

（4）掌握数据可视化展示。

3. 数据能力训练目标

使用 python 工具作为数据分析，熟悉 python 数据处理的基本操作。

二、任务速递

1. 商品信息数据采集
2. 数据导出
3. 数据清洗
4. 数据查询与统计
5. 数据可视化展示
6. 报告编写

三、任务背景

福思特白酒是一家白酒品牌，公司为了市场扩张，准备入驻电商平台，重新制定市场营销战略，因此，需要了解电商平台上各类白酒的数据。最终福思特白酒公司确定以京东平台为目标，通过收集各类白酒品牌相关数据，进行市场分析，需分析市场价值和品牌销售情况。

四、任务准备

1. 业务准备

通过网上抓取白酒相关数据，利用 python 编程语言技术手段，基于统计模型的大数据算法，完成电商数据的采集、数据清洗、然后通过 powerbi 工具进行可视化分析，揭示电商数据背后的意义，通过仿真为企业的决策提供服务。

2. 知识准备

(1) 数据可视化

数据可视化是指借助于图形化手段展示大数据分析结果，使数据清晰有效地表达，使人们快速高效地理解并使用，它集成了数据采集、统计、分析、呈现等多环节。不同行业的数据可视化可能有不同的呈现形式和要求，但最终的目的都是挖掘出数据深层次的含义，把纷繁复杂的大数据集、晦涩难懂的数据报告变得轻松易读、易于理解。

(2) 数据抓取

数据抓取（也称为网络数据提取或网页爬取）是指从网上获取数据，并将获取到的数据转化为结构化的数据，最终可以将数据存储到本地计算机或数据库的一种技术。

3. 技能准备

熟悉在京东上爬取数据；

熟悉白酒相关数据信息；

熟悉用 python 对数据的处理及可视化。

4. 环境准备

需要准备的环境有：

个人电脑；

windows 7 以上系统；

互联网环境；

浏览器要求使用谷歌浏览器，并升级到最新版本；

安装 powerbi 进行数据可视化展示。

5. 数据准备

本实验所需数据从京东上抓取，在京东白酒界面上爬取前 100 页白酒相关数据，包括白酒度数、香型、价格、销量、品牌、店铺、商品编号、链接等。

五、任务实施

1. 商品信息数据采集

点击任务1，选择数据采集进入任务1操作页面，然后选择进行数据采集，如图4－9所示。

图4－9 商品信息数据采集

具体操作：略

2. 数据导出

点击任务2，选择数据存储，进入任务2操作界面，如图4－10所示。

图4－10 数据导出

具体操作：略

3. 数据清洗

点击任务3，选择数据处理，进入任务3操作界面，如图4－11所示。

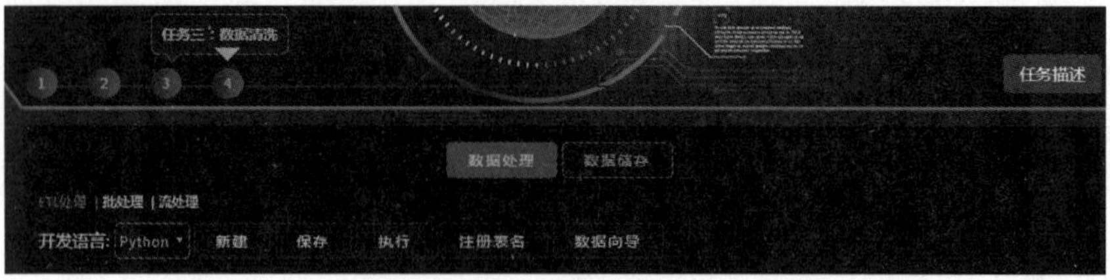

图4－11 数据清洗

具体操作：略

4. 数据查询与统计

点击任务4，选择数据查询，进入任务4操作界面，如图4－12所示。

图4－12　数据查询与统计

具体操作：略

5. 数据可视化展示

通过前面4个任务，数据已全部采集、清洗、保存在云端数据库，接下来通过powerbi从mysql接口云端数据库导入白酒销售量和销售额数据，最后通过powerbi进行可视化展示。

具体操作：略

6. 报告编写

根据上一步骤白酒数据分析结果，学生截图插入word文档，从销量和销售额两方面编写白酒行业报告。

白酒数据分析

本文采集了京东白酒消费数据，对白酒销量与销售额两个方面进行了不同角度分析。结合数据抓取、清洗、挖掘、分析等大数据手段，与可视化图表形成分析报告。

（1）销量

京东平台的白酒销量前十的品牌及销量如图4－13所示。

京东平台上共有1290余种白酒品牌，平台中销量最高的品牌为牛栏山，因其价格较低，打破传统高端白酒对市场的封锁，销量高于泸州老窖等5个知名高端品牌，累计销量接近350万件，位居第一。近年来，白酒市场消费正向大众化、平民化发展，因此，汾酒、红星等主打低价白酒的品牌销售量也相对较大。

（2）销售额

京东平台白酒销售额前十的品牌及销售额如图4－14所示，其销售占比如图4－15所示。

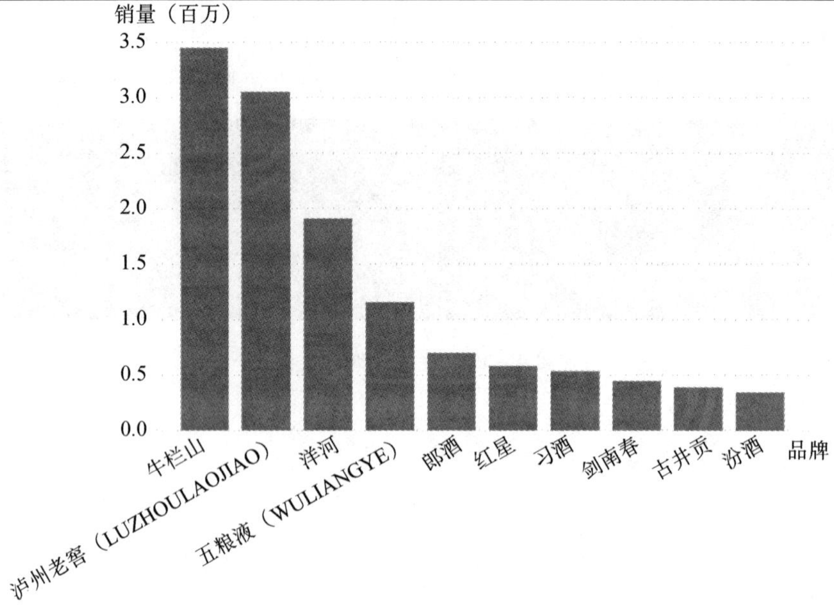

图 4－13 京东平台白酒销量前十排名

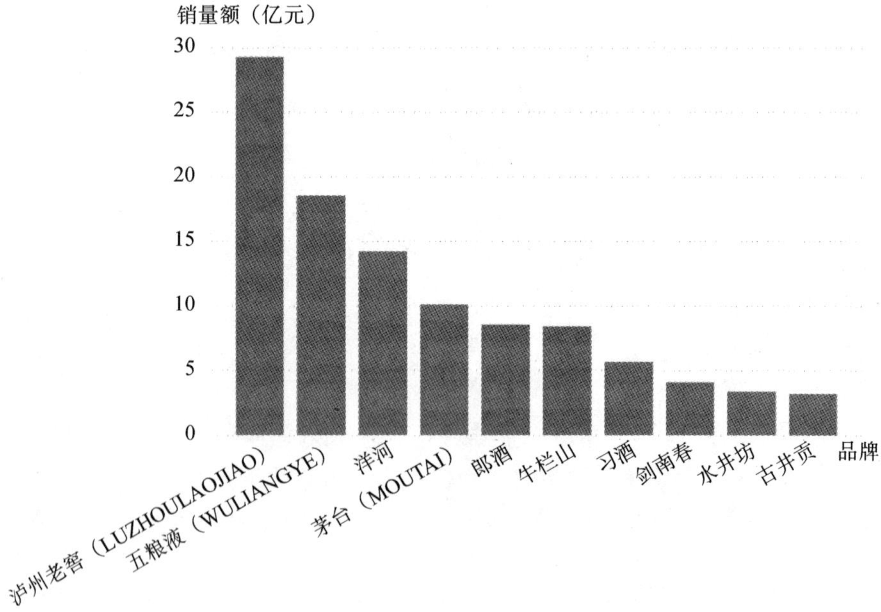

图 4－14 京东平台白酒销售额前十排名

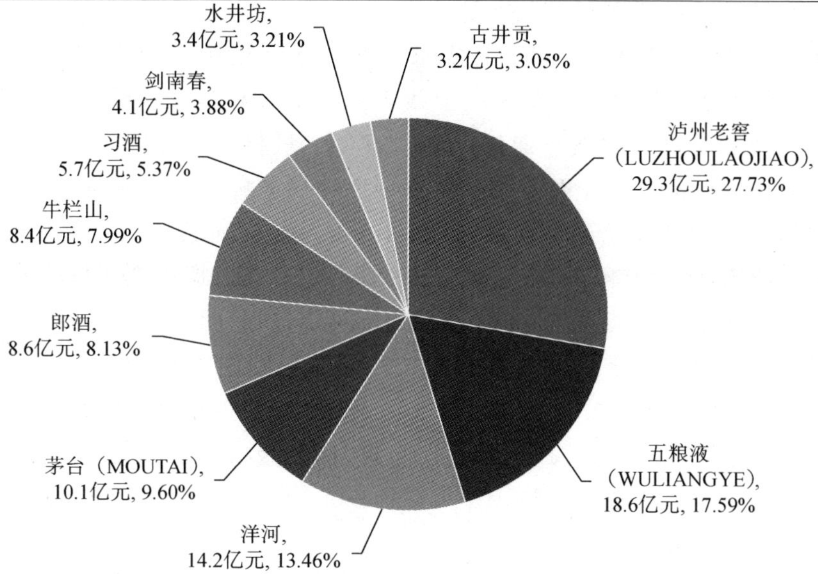

图 4－15　京东平台白酒销售额前十占比

从销售额来看，排名前五的均为知名高端白酒品牌，其中泸州老窖的销售额远高于其他品牌，占全平台白酒销售总额的 27.73%，其原因可以归结于其品牌产品数量较多、价格范围覆盖面大、知名度高，从而获得了从高端到低端不同层次消费者的喜爱。

六、任务延展

参考本实验以白酒行业数据进行的分析，同学们可以抓取手机行业数据，以同样的方法对手机行业进行数据分析，从销量、销售额、价格与销量、价格与品牌等方面进行分析。

七、习题

(1) 数据清洗有哪些内容？

(2) 数据规约有哪些方法？

(3) 数据规约的作用？

(4) 什么是网络爬虫？

(5) 数据分析的作用、方法是什么？

(6) 大数据在电子商务中的应用还有哪些？

（2）统筹推进课程资源库建设

课程建设团队聚焦社会和行业需求，以学习者为中心，反复调研、推敲、研究确定与大数据导论相配套的线上线下教学资源和学习资源，包括课程教学大纲、课程标准、教案、课件、典型案例、素材库、习题库、慕课/微课等，建成相对完备且动态更新的课程资源库，供教师和学生根据需要使用和学习。同时，定期邀请企业专家、技术骨干等到校面向教师和学生做新技术、新工艺、新流程、新模式、新业态等的专题讲座，拓宽课程教学与学习资源。

（3）基于复合型能力培养的教学方法改革

以复合型能力为导向的人才培养需要构建新型的教学模式，其中最核心的是要从传统的教师中心转向学生中心，充分彰显学习者在学习中的主体地位。在大数据导论课程建设中，课程开发团队积极尝试多元化、立体化的教学模式，引领学生认知、体验、参与、动手，让学生自主建构知识、内化知识、运用知识、提升能力。

一方面，在理论教学中尝试运用案例教学法、情景分析法，借助一个个案例情境，厘清课程知识主线，重组教学内容，设计仿真模拟练习，让学生在真实情境中认知并理解大数据。这既避免了理论学习的枯燥，也能推动学生树立科学系统的思维方式，结构化知识体系。另一方面，在实践教学中尝试运用模块化教学、项目化教学、任务驱动教学等手段，发布任务，让学生认领任务，主动思考、头脑风暴、动手操作、总结反思，引导学生在完成真实任务的过程中发现问题、分析问题、解决问题，不仅提高了学生学习积极性，更增强了逻辑思维能力、问题解决能力、交流合作能力等核心职业能力与素养。

四、建设案例2：财务素养课程建设

为了激发学生对财经商贸类专业的学习兴趣，生动深刻地认知专业、建立起专业认同和专业自豪，以新商科智慧学习工场项目建设为依托，在广州市福思特科技有限公司专家指导下，跨专业组建课程开发团队和教学团队，协同建设财务素养课程。

1. 建设思路

财务素养课程是针对财经管理学院会计、会计信息管理、电子商务、互联网金融、保险专业全体新生开设的一门必修课程，定位为专业集群基础课，其目标在于激发新生的专业兴趣，培养专业认知、专业认同及专业自豪。

依据财务素养课程建设的定位和目标，采取跨专业组建课程开发团队和教学团队的模式，共同研究确定课程结构设置、教学内容、课程资源库建设等内容。课程结构设置的总体思路是，从认知奠基、技能培养、文化传承与创新三个点切入，选取财经领域典型事项，搭建课程结构体系。采用模块化、项目式教学模式，解构财经基础知识与文化，重构课程内容体系，并通过案例分析、问题解决等教学方式深化学生的认识，力争形成彰显新经济、新业态、新模式的人才培养课程教学体系。课程结构体系如图 4－16 所示。

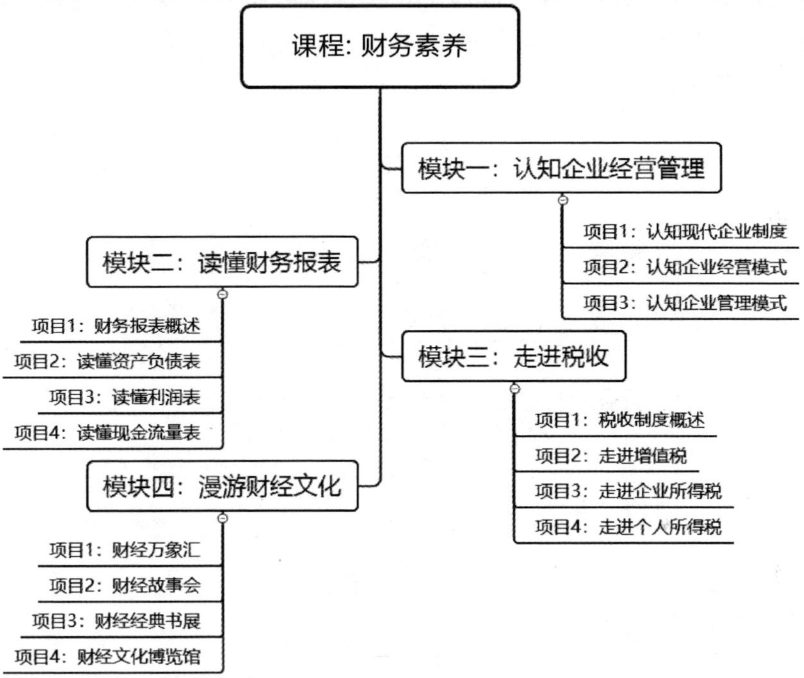

图 4－16　财务素养课程结构体系

2. 建设措施与成效

（1）彰显课程思政，落实立德树人

由于财经商贸类专业涉及企业兼并重组、海量金融投资、风险控制、财务税务管理等业务，对于取财、理财、用财正确价值观等的建构非常重要。鉴于此，课程建设团队在财务素养课程建设过程中坚定立德树人根本，非常注重其德育功能的发挥，在课程内容和教学模式中渗透课程思政元素，例如在“走进税收”模块通过对税收制度、增值税、企业所得税、个人所得税的梳理和教授，向学生传输遵守税收制度、按时按额缴税等意识；在“漫游财经文化”模块的财经书展项目中纳入红色财政书籍资料供学生学习，在财经文化博物馆项目中引领学生遨游财经的前世今生，感受财经魅力，传承财经文化。

（2）以项目教学为抓手优化教学内容

颠覆传统的课程教材呈现形式，采用数字化教材、活页式教材形态，采用模块化、项目式教学模式，打破传统财经知识结构，根据需求对原有知识体系进行增减、删除、整合、重构，并根据经济社会发展变化进行实时动态调整更新，随时将最新的、最优的知识、技术技能教授给学生。以“漫游财经文化”模块为例，如图4－17所示。

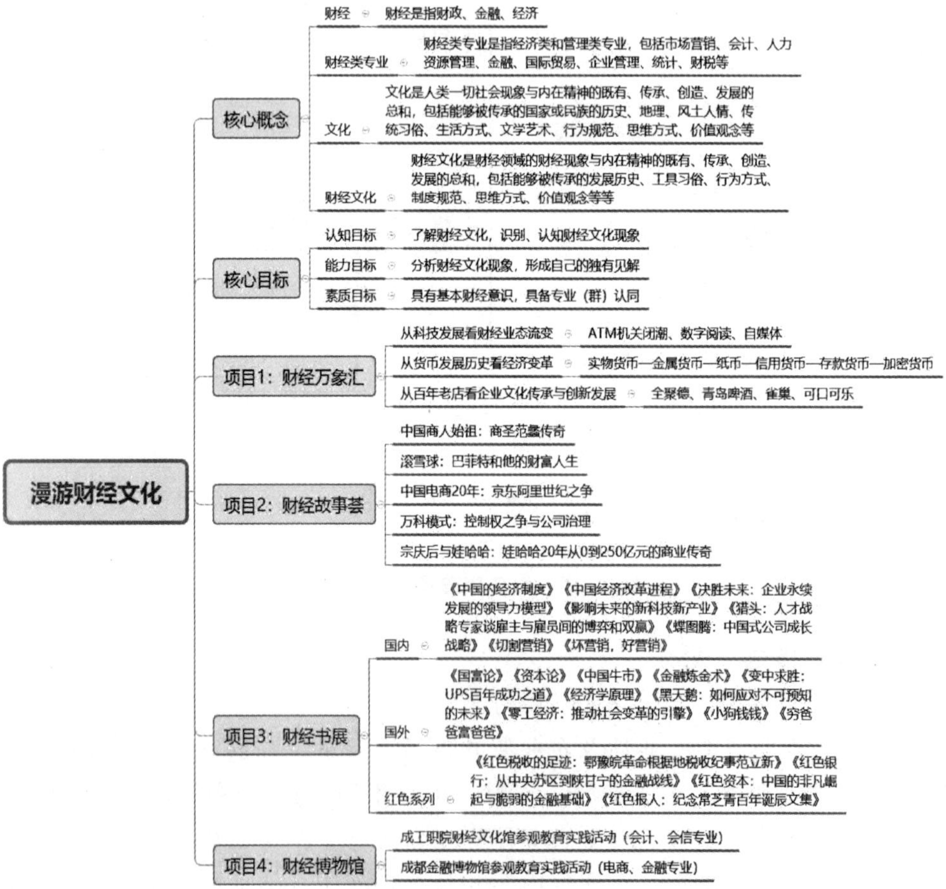

图4－17 模块四：漫游财经文化

（3）协同推进课程资源库建设

为了使学生在课程学习前、中、后均可以得到相关资料的支持，课程建设团队以学习者为中心，聚焦新知识、新技术、新技能，反复推敲分析，制定了与财务素养相配套的线上线下教学资源和学习资源，包括课程教学大纲、课程标准、教案、课件、典型案例、素材库、习题库、慕课/微课、财经故事、财经经典书籍、公众号推文、视频等，建成相对完备且动态更新的课程资源库，供教师和学生根据需要自主学习和使用。

（4）以学生为主体的教学方法改革

坚持学生的学习主体地位，把学习、把课堂还给学生。在财务素养课程建设中，课程建设团队积极尝试立体化、互动化的教学模式，引领学生体验、认知、参与、动手，让学生主动思考，自主建构知识、内化知识、运用知识、提升能力。以“漫游财经文化—财经万象汇—从百年老店看企业文化传承与创新发展”为例：

从百年老店看企业文化传承与创新发展

什么是企业文化？

企业文化，是企业在社会主义市场经济的实践中，逐步形成的为全体员工所认同、遵守、带有本企业特色的价值观念、行为准则、经营作风、企业精神、道德规范、发展目标、文化传统等的总和。

企业文化是企业一切行为的风向标和底线。它能够把企业成员的思想、行为引导到实现企业所确定的目标上来，把企业的成员紧密团结起来形成一个统一体，有着对企业成员思想和行为的约束和规范作用。同时，企业文化对企业内部和外部都有鲜明的辐射作用。对内有着强烈的传播力量，企业成员的去留，领导职位的变动，都难以消除企业文化固有的力量，对外通过各种渠道对社会产生影响，如品牌效应。

例 4－1　全聚德

全聚德创立于 1864 年，一个名叫杨寿山的人来到北京，他先是在前门附近的肉市卖鸡鸭，有一些积蓄后就盘下了肉市中一家濒临倒闭的、名叫“德聚全”的干果店，将旧的字号倒过来，叫“全聚德”，是为“倒转霉运，踏上坦途”之意。

杨寿山又开了个烤炉铺，花重金聘请当年皇宫御膳房师傅，专营“挂炉烤鸭”，至此，全聚德烤鸭店正式开张。但是杨寿山的后人却经营不善，店面亏损严重。后来，杨家后代聘请李子明当“职业经理人”，李子明提出了全聚德“九字生意经”：鸭要好、人要能、话要甜，并制订严格的经营标准，这才使全聚德起死回生，并且仅几年时间就成为北京城排名第一的烤鸭店。

1949 年 10 月，毛主席用全聚德烤鸭招待外宾，全聚德第一次被端上国宴餐桌，全聚德的品牌声誉也因此达到顶峰。

在消费升级趋势下，全聚德缺乏创新力。全聚德主打产品是烤鸭，很难拿出其他新颖的菜品来吸引消费者，越来越多的人吐槽全聚德菜品老套、缺乏新鲜感。相比之下，一些新派烤鸭相继崛起，其配盘、配菜都更加精致。举个例子，大董烤鸭店推出“意境菜”概念，一菜一句诗，把传统中国文化与现代烹饪手法相结合，得到喜欢时尚、追求个性的年轻人的追捧。相较之下，年轻一代对全聚德这种“吃老本”的老字号渐渐疏远。

总结下来，全聚德的兴起无疑得益于其“九字生意经”：“鸭要好、人要能、话要甜”和严格的经营标准。全聚德的没落，归结于其缺乏创新，无法抓住年轻人的“胃”和“眼球”。

例 4－2　青岛啤酒

青岛啤酒创立于 1903 年，是中国最早的啤酒生产企业之一，是我国一家老字号品牌创新的典范企业。

一是注重品牌国际化。早在 20 世纪 50 年代，青岛啤酒便开启了海外出口之路，用高品质赢得海外消费者对中国品牌的认可与尊重。1993 年 7 月 15 日，青岛啤酒在香港联交所正式挂牌上市。同时，青岛啤酒通过举办论坛等形式，将品牌输送到 100 多个国家和地区。

二是注重品牌高端化创新。青岛啤酒推出了奥古特啤酒，其独特的尊贵设计既有古典韵味，又兼具学院气质，处处体现着享用者的高贵感。该款啤酒选用被誉为“捷克黄金”的萨兹酒花和澳大利亚辽阔田野的金色二棱大麦，始终坚持用高品质原料，再加上经典的酿造工艺，造就了其在国产啤酒中的非凡的品质和地位。

三是注重追求品牌年轻化。青岛啤酒洞察消费者需求，和肯德基合作推出“鸿运当头闻鸡起舞”罐，在《深夜食堂》开播时推出“深夜食堂罐”，在《魔兽世界》《战狼》等电影引爆全球之际推出的“魔兽罐”“战狼罐”，在线上都卖得如火如荼。

总结下来，青岛啤酒在品牌创新的道路上，保持敏感的市场嗅觉，坚持以高品质立世的品牌价值，走国际化、高端化、时尚化、年轻化路线，一个充满活力的青岛啤酒形象呼之欲出，时刻焕发青春气息。

例 3－3　雀巢

课堂活动 2：阅读材料《百年老店之雀巢》，分析雀巢得以存续百年所依赖的企业文化到底是什么；分析雀巢得以在复杂竞争环境中生存发展的创新举措。

（1）雀巢的企业文化

____

____

____

____

____

（2）雀巢生存发展的创新举措

____

____

____

____

____

例 3－4　可口可乐

课堂活动 3：阅读材料《可口可乐的百年红色帝国》，分析可口可乐得以存续百年所依赖的企业文化到底是什么；分析可口可乐得以在复杂竞争环境中生存发展的创新举措。

（1）可口可乐的企业文化

____

____

____

(2) 可口可乐生存发展的创新举措

围绕上述教学内容，首先可以采用“设问+思考+回答+讲授”的形式让学生正确认知“什么是企业文化”，同时可以播放一些企业宣传视频，深化学生对企业文化的认识。其次，通过带领学生分析例3-1、例3-2，让学生懂得如何抽取、把握一个企业的企业文化，了解企业文化及企业文化的传承与创新是如何影响企业生存和经营发展的。最后，将例3-3、例3-4作为课堂活动，在课前向学生提供学习材料，让学生运用所学到的方法和技巧对材料进行分析，准确找到材料中蕴藏的企业文化及其传承与创新要点。通过这一过程，激发学生的学习兴趣，固化学生对企业文化的认知，同时培养其阅读分析、归纳总结、问题解决、逻辑思维等必备的职业能力与素养。

第五节　新商科教育实践示范基地建设

新商科教育实践示范基地顺应现代企业深度技术创新带来的产业价值链重整和智能化趋势，面向新工业、新商业发展对财经人才的新需求，依托四川省创新行动发展计划高职院校骨干职教集团建设项目，以“互联网+”思维，直击智慧财经发展前沿，应用世界先进的感知智能设备、AR/VR及虚拟仿真技术，融合智慧财经人才培养所需的教学体系、教学资源和教学平台，构建新技术集群时代背景下产教科融合教学场景，打造新商科全场景实践育人基地，与行业企业联合开展教学实训、课程教材开发、师资培养培训、职业技能培训、职业继续教育等服务，产教全面融合、校企“双主体”共育现代智慧财经新人才，推动搭建以财经商贸服务区域金融服务、会展经济、现代物流、电子信息、装备制造、先进材料、能源化工等行业领域大中小企业的共生共荣有机生态圈，为区域现代产业体系发展提供人才底部支撑。

一、建设思路

以“互联网 + 财经 + 产业”为导向，整合政行企校研资源，对接财经智慧化趋势，利用大数据、云计算等先进技术，以资本、技术、设备等合作（融资）形式，以软硬件环境打造为基础，通过新建、升级与改造，与行业企业在基地建设与管理、人才培养、资源开发、师资培养等领域深度合作，全面推行新目标、新模式、新课程、新技术、新师资和新人才的建设，建成行业交叉融合、运行机制灵活、育人特色明显、资源共享全面的“互联网 + 行业”的新商科教育实践示范基地，推动产业界和职教界融合，加强培养培训职业技能强、综合素质高的现代智慧财经新人才，不断提升基地建设水平、运行效益和特色亮点。

具体建设措施如下：

调研与论证阶段：深入政府部门、行业企业、兄弟院校、科研院所等系统调研，分析论证基地建设必要性、可行性、建设任务与措施、资金预算及保障条件，研究制定建设方案。

启动与建设阶段：围绕硬件设施建设、人才培养模式改革、课程及教学资源开发、师资培养培训等重点建设任务，全面启动建设工作。

——硬件设施建设。按照“互联网 + ”“财经 + 产业”建设宗旨，融入新技术、新业态、新场景，打造企业数字化云财务共享中心、智慧财经工财一体化产业服务示范中心等一批实训培训基地，链接学校和行业企业。

——人才培养模式改革。创新基于技术应用理虚实一体的新财经人才培养模式，以技术或任务模块为基本教学单元，在理虚实一体化人才培养环境中融合新知识技能、实践新内涵、智慧化新技术、脚本式新课程，理虚实一体培养智慧财经新人才。

——课程及教学资源开发。打通专业壁垒，对接岗位（群），将场景、角色、动作、工具融合，把企业财务工作领域典型工作任务转换为教学领域，搭建跨专业综合性课程体系，开发与之相适应的教学资源，创新课程教学。

——师资培养培训。校企共建师资培训体系和沟通机制，融入行业发展新动态，制订“双师”生态培养计划，通过校企合作、线下游学实践、线上学习交流等提升师资水平，打造“精财经、懂实务、善教学”师资队伍。

持续优化改进阶段：紧扣产业价值链重整和智能化趋势，聚焦新商科教育为工科学生赋能、“工财一体”人才培养定位，以需求为逻辑起点，对基地进行持续改造升级，打造成高水平专业化创新产业产教融合示范基地。

二、基地空间及功能布局

新商科教育实践示范基地围绕智慧化、行业化财经新人才培养培训，打破专业界限，按照功能差异、空间集成原则，建成系列化综合实训与服务中心，集实训、培训与文化传承于一体，育训结合、工学交替，推行现代学徒制和企业新型学徒制，系统培养人才。

1. 真账全岗实训中心

中心设有财税一体化实训室、行业会计、审计实训室。其中，财税一体化实训平台利用3D动画技术，模拟工商、银行、税务、海关等与会计业务密切关联的企事业单位的业务环境，让学生跨部门、多角色、全岗位体验，熟悉筹办企业、银行业务办理、纳税登记、发票管理、增值税进项税认证、抵扣、申报、缴纳等流程，培养学生的综合业务能力与素质。行业会计、审计实训室搭载了福思特的商品流通企业会计、房地产会计、施工企业会计、服务业会计、物流业会计、事业单位会计六大行业会计，日常教学中主要以工业企业业务核算为主，为拓宽学生就业面向。

2. 互联网智慧财经示范中心

中心设有财务信息化项目中心、顶岗实践中心和企业业务中心。其中，财务信息化项目中心立足国家工业4.0、“中国制造2025”发展战略，将企业财务、业务、互联网技术、信息化管理、大数据分析应用融入“工财一体”新型人才培养体系，以内涵建设为中心，动态调整，打造一流专业。顶岗实践中心采取“双导师制”管理，由院校师资和企业专家联合辅导项目开展、工作任务检查及答疑辅导，同时企业还提供教学建议、方案、模拟业务及系统平台。企业业务中心使用脱敏数据支撑真实业务，让四川省财经领域真实项目、真实工作场景植入基地，老师、专家在真实区域接到真实业务，并在真实区域内办公、处理业务，实现真项目真做、可交付的新模式，同时支撑集团专业建设、实践实训、师资培养等工作。

3. 职业规划认知中心

中心包括先天特质沙盘实训室、ERP实训室、ERP应用三个实训室。其中，先天特质沙盘实训室围绕人的心智结构图，用老虎、海豚、企鹅、蜜蜂、八爪鱼 5 种动物属性定义人类行为特质，通过沙盘认知级互动游戏等形式科学展示不同属性人群的先天特质；ERP 企业认知配备了创业者、新商战物理沙盘和电子沙盘；ERP 应用是对模拟企业经营管理的细化升级，以生产摩托车为例，进行材料采购、材料入库、材料领用、计算产品成本、成本控制、库存管理、销售管理、预算管理、财务分析等业务处理，培养现代复合型管理人才。

4. 分层进阶实习中心

中心以培养具有管理思维和控制意识，会计核算与财务管理能力兼备，能够胜任企业专业岗位职业需求的管理型财务人员为目标，结合专业建设、课程特点，满足教学、培训及各类竞赛需要，通过云平台、ARE 虚拟仿真、i 实习进阶式学习模块等互联互通的教学资源平台，内置覆盖多个岗位、多业务场景、多实例、多行业、多企业类型的企业真账，在学业最后阶段强化能力训练，快速对标市场需要，通过真账实战和分岗轮岗实习训练，进行专业素质强化，提升学生就业能力。基于教育大数据技术，构建深度质量诊断体系，让老师更了解学生，学生更了解自己，从而有针对性地进行个性化教学。所有实验室实现互联互通，资源共用共享，让有限的资源最大限度地发挥作用，全面提高人才培养质量和水平。

5. 全息企业认知中心

通过场景连接“角色”和“内容”，使学习者的体验更加真实。伴随可视化的流程行动，真实还原企业业务，通过丰富多彩的场景设计和刺激性的对话，促进学习者的学习动机；同时借助人机互动操作，增强学习体验，实现情境学习，促进知识迁移。这种“虚拟现实场景 + 真实业务内容”的混合模式，有利于培养学生的全局观和系统思维，提高学生就业后的岗位适应力和胜任力。

将 AR/VR 技术、移动互联网等运用于经管实践教学，通过软硬件结合的教学平台，构建“场景式教学形式”。教师可以利用教学平台进行企业情境构建和业务案例解说，可帮助学校实现情境化学习、协作式学习、自主性学习、探究式学习、对抗性学习等各种形式的学习实践活动；学习者可以身临其境体验到与现实企业工作一样的情境，这种学习体验更易激发学生大脑促成参与者主动去学习探索，完成真实感与立体感皆强的岗位实践工作。

6. 财务机器人中心

将前沿的人工智能技术导入课堂，借助最新的云财务智能核算平台，搭建大数据服务（包含机器人的交互能力、深度学习、语音识别、图像识别、语义识别、知识图谱、训练引擎、AI 模型等诸多人工智能最新技术）的教学场景，将业务交易数据、交易信息、财务数据处理等真正带入课堂，让学生真实再现企业的数据智能采集（OCR、语音录入）、智能审核、智能凭证、自动月结、自动纳税申报、自动银行对账等基本操作，开拓学生面向未来财务的视野，掌握云财务操作技能。

7. 财务共享中心

财务共享中心建设坚持“教学内容、教学方法、教育技术相融合”的理念，结合专业发展实际需求和实践教学需要，以学生为本位，以人才培养为核心，将前沿的ERP技术、财务共享中心、影像扫描与安全、OCR识别、电子发票、电子档案、AI智能机器人、大数据分析等新技术融入课堂，是专业开展实践教学活动的重要场所。根据专业教学要求，使专业实践教学具有相对稳定性，与之配套的基础设施具有先进性，教育效益、经济效益和社会效益具有示范性，管理模式和运作方式具有规范性，与理论教学和社会发展的同步结合具有紧密性。

中心以规范性实践教学体系改革为基础，以引领性企业实际业务为内涵，把企业经营过程中的真实财务业务及会计事务所、资产评估事务所、税务事务所、智能财会共享中心、智能票财税共享中心、智能评估云平台等各类现代财经生产式任务引入校园，再现真实工作场景和工作流程，实现内容、技术、空间的创新，实验实训教学与在岗实践教学全新融合，彰显了全业务共享、全产业链连接、业务财务融合、全程管控、全员应用的特征，为企业重整财务组织、推进财务转型、提升管理水平提供有力的智力支持和人才保障。

三、建设成效

围绕新商科教育实践示范基地建设，立项国家级科研课题1项、省级课题2项、校级课题若干项，发表论文4篇。基地基本建成投入使用后，承担了财经管理学院及成都市财经商贸类专业职业教育集团超过800人的线上线下实践实训课程，近两年组织和培养学生参加国家级、省市级专业技能比赛、创新创业大赛等赛事获三等奖及以上奖项30余项，120余名学生获国家职业资格证书，百余名学生通过智能财税、业务财务一体化信息应用等“1+X”证书试点培训和考试，获得职业技能等级证书。与合作企业联合开展课程教学资源建设工作，校企共建在线开放课程5门，编写《出纳实务（CAMT）》等新型项目化、立体化教材多部。教改、科研推动教师专业成长，财经管理学院专任教师均能够熟练使用至少2种基于新技术应用的信息化教学平台或工具，18 名教师获得国际职业资格/培训师证书，多人通过“新道师资”培训项目，多次荣获省级以上高职院校教师信息化教学能力比赛二、三等奖。

新商科教育实践示范基地充分发挥社会服务能力，主动开展社会服务活动。承接“会计信息化实践教学师资研修”以及青海、四川等区域会计、市场营销、电子商务专业的国培和省培等各类社会培训年均 500 余人，承接“会计信息化技能大赛”“四川省中等职业学校学生技能大赛”等省市专业技能大赛 9 场。主办“数字经济时代财经人才培养研讨会”等大型会议 3 场，700 余人参会。接待了四川工商职业学院、成都农业科技职业技术学院、泸州职业技术学院、郑州市财税金融职业学院、甘白银矿冶职业技术学院等省内外兄弟院校以及石渠县、红原县的多次到校参观交流、洽谈合作，基地建设得到各级领导、同行及行业企业高度赞誉，整体影响覆盖超过 106 所院校、240 名老师、2000 名学生。

第六节　学生职业能力画像探索

财经管理学院综合运用大数据挖掘与分析、行为分析、模拟与预测等技术手段，分析学生适应社会发展需求和终身发展需要应具备的品格和关键能力，建立学生职业发展模型，明确相关指标体系及观测点，探索设计开发学生职业能力画像系统，为学生定义独立的个体画像，为学生自我评价、自我诊改提供建议，提供个性化发展计划和智慧服务。

一、背景分析

1. 国家政策指引高等教育学生评价体系改革

教育评价事关教育发展方向，有什么样的评价指挥棒，就有什么样的办学导向。习近平主席在 2018 年全国教育大会上指出，要深化教育体制改革，健全立德树人落实机制，扭转不科学的教育评价导向，坚决克服唯分数、唯升学、唯文凭、唯论文、唯“帽子”的顽瘴痼疾，从根本上解决教育评价指挥棒问题。2020 年 10 月，中共中央、国务院印发《深化新时代教育评价改革总体方案》，以习近平总书记关于教育的重要论述和全国教育大会精神为指引，将“促进学生全面发展的评价办法更加多元，社会选人用人方式更加科学”作为各级各类学校未来 5 ~ 10 年的奋斗目标，要求探索开展学生各年级学习情况全过程纵向评价，探索增值评价，挖掘发展潜能。高等教育如何快速响应国家相关政策的号召，建立多元的学生评价体系，推进社会科学选人用人成为高等院校教育评价改革不容忽视的问题。

2. 高等教育学生评价模式亟待创新

数字化时代下高等教育面临机遇与挑战并存的局面。“互联网 + 教育”“智能 + 教育”衍生的智能教学设备、智能学习平台如雨后春笋般出现，课程的提供者不再局限于传统教学模式下占据主导地位的教师，教育教学的场所实现跨地域、跨时空，知识的载体从单一的纸质教材变成囊括图片、视频、音频等非结构数据在内的多样化数字载体和复合体，教学的形式由传统的面对面课堂发展为慕课、直播课、虚拟仿真实验课等线上课堂在教学过程占据重要地位，高等教育模式生态化、分散化、网络化和个性化的转变迫使教学评价模式必须加速走向科学化、智能化、平台化。

3. 信息技术为高等教育学生评价模式创新提供支持

大数据、云计算、人工智能、5G 等新一代信息技术的逐渐成熟与广泛传播将技术对现代社会的颠覆效应推入一个新的高潮。随着信息技术在各行各业的渗透日益加深，国家多部门相继发布《加快推进教育现代化实施方案(2018 ~ 2022 年)》《中国教育现代化 2035》《教育信息化 2.0 行动计划》等系列政策，对教育与信息技术融合、创新发展的政策指导越来越清晰，教育信息化、数字化、智能化成为不可逆转的趋势。数字校园、智慧大学的建设进程不断加快，推进以技术为支撑的教学评价、教学诊断、教学指引模式创新不断涌现。从用户画像延伸而来的学生画像理念在教学领域的应用逐步推进，以“学生画像”为关键词在中国知网检索的结果显示，在公开发布的期刊论文情况中，围绕“学生画像”主题开展研究始于 2016 年，超过 60% 的相关文献针对学生画像与大数据话题开展研究。可见，以“学生画像”为主题的课题研究尚处于初期阶段，基于“大数据 + 学生画像”的研究与探索尚有较大空间。

二、提出与设计思路

教育部《关于全面深化课程改革落实立德树人根本任务的意见》，提出“教育部将组织研究提出各学段学生发展核心素养体系，明确学生应具备的适应终身发展和社会发展需要的必备品格和关键能力”。围绕高职院校学生职业发展在知识、能力、素质 3 个方面的要求，以及职业发展需要的 7 种能力，提出学生职业发展模型，建立相关指标体系及观测点，构建高职学生职业发展能力体系平台。借助大数据分析与挖掘技术，搭建面向学生职业发展、关注学生成长的智慧服务平台，打造精致育人的信息化服务环境，有效促进学生职业发展能力的提升。

具体来讲，依托大数据、人工智能等新一代信息技术手段，面向学生评价模式改革创新，以推进高校建立学生多元评价体系、服务社会科学选人用人为目标，以学生学习行为、学习成果等数据为依据，构建以学生入学、毕业两个时点，学生学习过程这一时段为范围的“两点一线”学生职业能力画像平台。针对学生入学时的基础能力信息、职业目标与倾向进行学生画像分析，出具职业能力基点报告，清晰呈现学生自我认知与发展目标，为学生入学后学习路径提供智能规划方案。在学生学习过程，通过学生职业能力画像平台获取学生专业能力修炼情况、职业素质养成情况、技能竞赛情况、课外学习成果、职业资格证书等方方面面的学习与成果数据，通过阶段性的学生画像输出，匹配国内、省内、市内、校内同专业、同年级层次学生进行职业能力对比，匹配现有能力素质与入学规划的学习路径方案进行对比，引导学生主动探索、优化职业能力成长路径，激励学生挖掘潜能，促进职业能力成长。在学生毕业时点，全面呈现学生职业能力等级画像，为学生求职目标规划、企业选人用人提供科学依据。以信息技术服务教育教学评价模式创新，推动建立智能化、平台化、科学化的高等教育学生评价体系，如图 4 – 18 所示。

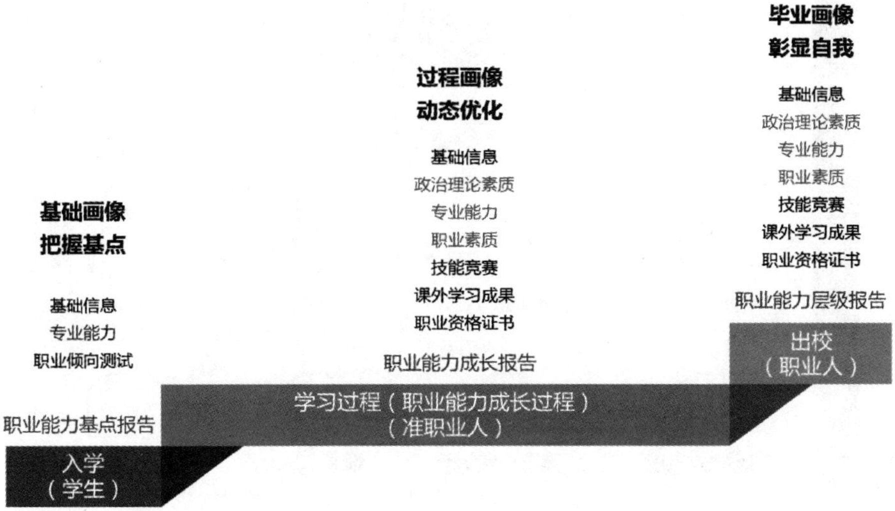

图 4 – 18　学生职业能力画像设计思路图

三、功能架构

基于推进学生职业能力培养与职业发展的目标，财经管理学院联合广州市福思特科技有限公司以学生职业能力画像为中心展开了深入的研究，研发了学生职业能力画像系统。围绕高职院校学生职业发展在知识、能力、素质三方面的要求，对标企业岗位能力标准，面向学生入学到毕业的成长阶段，建立相关标签、指标体系及观测点，构建学生职业能力发展模型。以技术驱动学生精准定位，教师精准指导，企业精准选人，如图 4－19 所示。

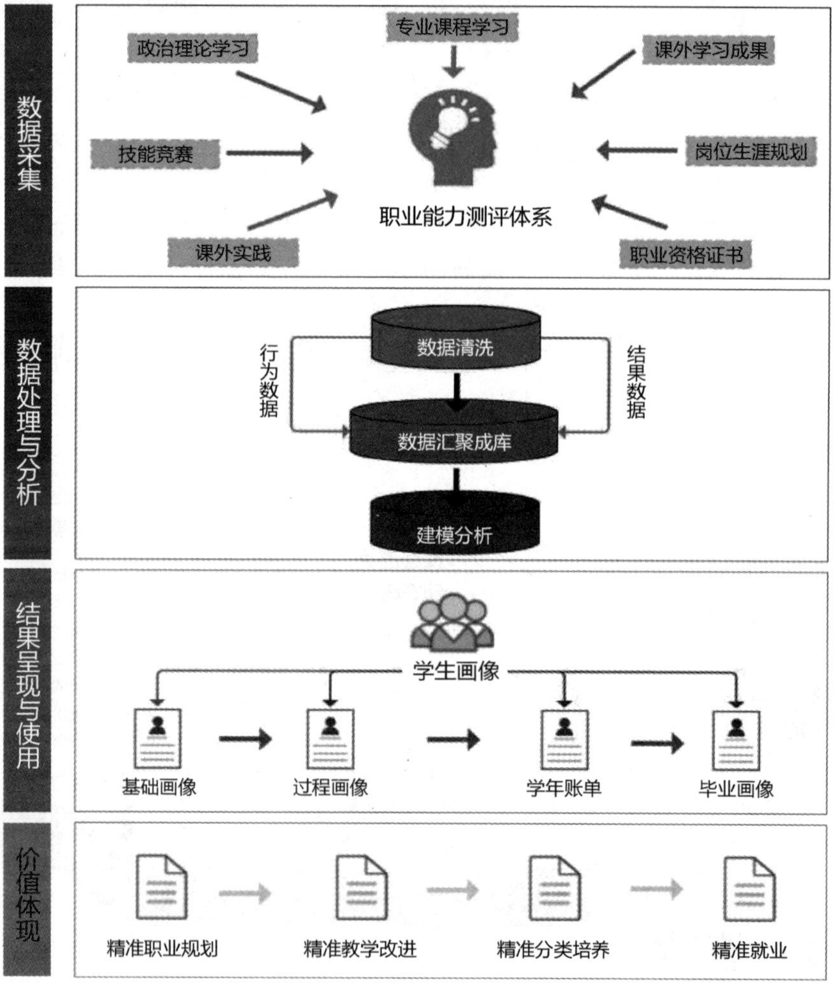

图 4－19　学生职业能力画像系统架构

1. 学生职业能力画像基础框架

通过充分的企业调研、毕业生成长历程与毕业走向研究，学生职业能力画像的构建是随着学生自我成长、学习活动展开而针对专业教育实施和学生发展进行同步评价与反馈的动态过程。依据现代职业类型与岗位能力标准、学习资源与来源渠道、专业人才培养方案与课程体系，围绕学生学习行为、过程与成果数据进行深入挖掘与分析，构建学生职业能力画像的基础框架，可视化呈现不同时点、不同阶段学生职业能力画像情况，在学生精准职业规划、精准就业，教师精准教学改进、分类培养，企业精准选人、用人等方面实现广泛应用。

2. 学生职业能力画像标签体系

构建用户画像的关键是为用户“打标签”，学生职业能力画像的标签通过将现代职业类型与岗位能力标准、学习资源与来源渠道、专业人才培养方案与课程体系三方面的相关内容进行梳理、整合、提炼，定义标签名称，划分标签层级，通过三个层级层层细分，使学生职业能力画像标签能够紧密匹配、关联到学生具体行为、表现上。研究根据收集到的数据分为学生基本信息、职业兴趣、职业能力等标签，每一类标签即一种属性，包含多个不同的数据指标，根据对属性数据的分析绘制出学生职业能力画像。

3. 学生职业能力画像数据源梳理

学生职业能力画像系统专注于学生从入学到毕业一个阶段、两个时点的职业能力状态，基于专业教育对学生职业选择、职业发展的影响，梳理学生在特定研究范围内的行为数据、结果数据、认知数据、能力数据等数据来源。在不改变原始数据的存储和管理方式的前提下，形成学生职业能力异构数据集成解决方案，通过数据采集、数据清洗、数据挖掘等步骤，汇聚和整合能够反映学生学习、成长过程经历的大数据，并按照数据分析需求建立数据中心库，实现异构数据源统一、透明的访问。

四、主要特征

1. 以大数据促进学生职业能力发展

随着信息化建设的不断推进，高校建设正由数字化校园向着智慧校园的方向迈进。“十二五”期间各高校的数字化校园建设给教学、科研、学习、生活带来了便捷，同时也生成大量记录高校日常管理和学生工作的数据，这些数据随着时间的积累构成了一个庞大的大数据资源。这些资源具有很高的价值，如何挖掘数据背后的重要信息，让这些数据发挥价值，服务学生职业能力发展和学校核心竞争力的提高是每个高校都需要考虑的问题。

高校的学生工作者一般比较紧缺，对每个学生的个性化的职业发展关注程度不能完全满足需求，相当大的一部分大学生对于自己将来的职业没有一个非常明确的定位，因而错失提高职业发展能力的机会。借助信息化手段能帮助解决该问题，通过大数据驱动的智慧校园服务需求为原则，整合学校学生相关的教学、管理、就业和素质拓展活动等各类数据，以及互联网上的相关数据，建立统一存储、管理、分析、发布、应用的大数据管理及应用服务平台，进行学生类数据分析和挖掘的模型算法设计，探索各种业务过程、数据变量之间的相关关系，洞察各个关键环节存在的深层次问题，采用大数据分析技术进行多维度分析与数据挖掘，创新性地为学生职业发展提供全方位、个性化的服务。通过建设全面覆盖、安全高效的学生教育大数据系统，建立学生职业能力发展整理框架和观测体系，进行学生自我评价、分析和诊断，实现学校宏观有效管控和微观精准服务，提升学校的教育监管与服务水平，促进学生职业发展教育科学化、服务个性化。

2．大数据分析支撑学生职业发展路径

（1）进行学生职业发展的能力模型与路径分析，构建观测体系

通过大数据分析，参照中国学生发展核心素养包含文化基础、自主发展、社会参与3个维度，综合表现为人文底蕴、科学精神、学会学习、健康生活、责任担当、实践创新6大素养，构建学生职业发展动态指导服务模型和总体框架。根据这一模型和总体框架，结合高职院校高素质技术技能型人才的培养要求，以专业为单位对学生的职业发展的能力与路径进行分析。从学生职业发展需要的专业能力、学习能力、工作适应能力、人际交往适应能力、情绪控制能力、自我反思能力、自我管理能力等多个方面进一步细化，提出对学生的具体表现要求，并对每个关键要点建立观测点，借助学生大数据分析技术，构建高职学生职业发展能力模型和测评体系，为学校从多种途径培养学生职业发展能力提供理论支撑。

（2）建立学生的职业发展自我评价、分析和诊断体系

基于大数据支撑，围绕学生职业发展，立足学生知识、能力、素质三个方面，结合学生职业发展能力模型和观测体系，建立起全员、全面、全程评价、分析与诊断机制。职业发展的评价、分析和诊断突出自主性，类似“医学体检”对照指标能够自己发现问题，自主寻找“良方”，使评价与诊断分析

真正发挥引导与促进学生个性和整体素质全面发展的积极作用，让每一位学生自主地在学校人才培养过程中保证高品质的质量创造。针对学生发展评价、分析与诊断方法的设计与研究，能有效促进高职院校落实“立德树人”根本任务，加强学生发展质量重要指标的督查和监测，提高学生对人才培养工作的满意度。

（3）搭建学生职业能力画像大数据平台

搭建校园大数据集成、存储、处理和展示平台，建立学生职业能力画像大数据模型，构建数据仓库。屏蔽数据的各种底层细节和差异，以标准 API 接口的方式向应用层软件提供数据供应、数据计算服务。支持对全校数据进行汇总和统一管理。有效采集、集成与学生职业发展相关校园大数据，包括各种半结构化数据（设备产生的日志）和非结构化数据（监控的视频、照片以及各种文本数据），整合数字化校园综合应用平台、教务系统、图书管理系统、学生综合素质系统、就业服务系统、校园 WIFI 日志、上网行为管理等系统的数据。同时，平台对数据进行隐私安全和调用权限的控制，确保应用程序只有获得授权才能访问数据集和数据字段，对身份证号、银行卡号、邮箱等敏感隐私信息自动屏蔽，防止数据被恶意利用和个人隐私泄露。

同步完善的数据标准，开展系统性的数据治理工程，形成规范的主题数据集市，构建完整的数据仓库体系，用于支持数据分析挖掘和辅助决策支持类的应用。

（4）提供个性化的发展计划和智慧服务

通过大数据平台支持，面向学生开展自我诊断和分析的服务。综合学生在校期间的行为表现，充分考虑学生的个性化差异，自动生成个性化的职业发展计划。通过对数据聚类分析、关联规则分析，实现对学生相关信息的全面掌握，有预见性地对学习情况、身心健康、日常行为及相关信息进行分析，保障学生的身心健康和学业发展，促进素质的全面提升，从而提升学校的整体竞争力。通过基于大数据分析学生的学业情况、兴趣爱好、行为特点，构建学生画像，根据学生职业能力指标体系建立预警，帮助学生了解自我、提高自我，按照学生职业发展能力和个人发展计划，基于大数据分析挖掘结果，对学生需要的或感兴趣的、有利于学生身心发展、有利于把学生培养成为高素质技术技能型人才的内容，提供相应的个性化服务，帮助学生提高职业发展能力。

五、应用价值

学生职业能力画像系统是用户画像在教育行业的应用与发展，是将大数据等信息技术与教学需求充分融合的成果。面向学生个人规划与成长、教师学情监控与管理、企业用人与选人过程中的痛点和难点，以学生理想职业相应能力画像树立职业发展初目标，帮助学生明确个人定位与能力现状，解决学生在自我定位、自我认知方面的问题，引导实现职业兴趣与职业能力相辅相成。通过覆盖学生入学到毕业全过程的职业能力评价与可视化呈现，将全程参与、实时监控交给计算机，将智能预警、智能评价反馈给教师，实现精准指导、高效教学，解决教师在学生成长过程中参与度与参与点的问题。通过学生职业能力画像系统衔接学校育人与企业选人过程，直观、全面呈现学生成长过程与成果，解决企业选人过程对学生职业兴趣与职业能力之间相互匹配、相互印证的问题，挖掘学生职业潜质，实现精准选人、科学用人。

第七节　财金职业能力发展研究中心建设

财经管理学院参照新商科智慧学习工场—新商科研究院建设思路、功能架构，结合自身实际，聚合行业协会、合作企业、兄弟院校及学界专家等的资源，建设财金职业能力发展研究中心，提供项目咨询、项目遴选与孵化、课题研究、规范制订、工作指导、教师科技成果转化等专项工作，为新商科智慧学习工场建设搭建交流、合作平台，提供智库支持。

一、建设思路

对接四川区域经济发展需求，聚合以成都工业职业技术学院财经管理学院为主的中高职院校主体，新道科技公司、中联企业管理集团、中国财政经济出版社、伴学科技公司、福思特科技公司、立信会计师事务所、中兴财光华会计事务所、成都市代理记账行业协会等行业协会、教育科技机构、大中型企业组成的行企主体，以“对接需求、协同创新、共建共享、服务发展”为基本原则，以“资本、技术、设施、设备、人力等”为合作投入要素，共同建设财金职业能力发展研究中心，形成政、行、企、校、研五方联动的多元主体协同运行平台，共同开展专业建设、人才培养、基地建设、师资培育、社会服务等领域的改革与研究工作。

二、主要功能

财金职业能力发展研究中心以重塑产业链、教育链、创新链有机融合体系为价值追求，深化教育领域综合改革，着力于产教融合的办学体制和机制创新，着重于质量提升的专业内涵建设，集人才培养、课题研究、科技成果转化、咨询与服务等功能于一体，可以开展教育教学与技术研究、新商科类标准研究及其他创新业务、科技服务与成果转化，打造优秀科技团队，培养优秀科技人才，开展国际国内科技合作与交流，为行业企业、院校提供政策、教育教学技术、职业能力分级培养研究、财务信息管理与咨询、数据资源等专业平台提供支持。

同时，还对财金职业能力发展研究中心的功能进行了拓展。例如，将中心打造成带有新型学徒制性质的学习社群，关注人才的培养过程与结果。在这个社群中，学校教师、企业导师、工作人员既是有自己工作的职业人，又是研究者，也是学习者。以学生为主体的学习者、企业员工等都可以参与进来，进行主题式、项目式学习和相关拓展学习（需要注意的是，主题式学习、项目式学习必须要融入实践导向、合作等元素），获得专业技能增长的研究学习。这是因为，对于学习者来说，向示范人学习比学习知识更重要，可以和其他人建立一种长期的学习伙伴关系，获得支持和引导，通过参与和对话，让自己从一名新人逐渐成长为理想中的自己。

三、运行管理

制订“财金职业能力发展研究中心章程”，严格执行内部管理制度，实行专人负责制，设中心主任、财务专员、秘书及项目研究团队，统筹管理，充分发挥研究中心在科学研究、技术开发、成果转化、专业建设、人才培养、服务地方等方面的作用。

制定财金职业能力发展研究中心发展规划和年度工作计划，向项目组下达项目任务。实行财务预决算与经费管理，对中心人员进行管理、监督、考核和奖惩，根据实际情况增补、调整中心成员单位，推选名誉教授、聘请顾问。开展日常工作的协调与管理，包括研究、咨询、行政、人事、财务、后勤等业务工作。

实行项目制管理，定期召开“一月一会”项目组工作会议，由各项目组负责项目课题的立项、调研、研究与成果验收结题等工作。

四、队伍建设与人才培养

财金职业能力发展研究中心有“双师型”教师科研人员31人，其中硕士17人，全国财经专业教学指导委员会专家1名，四川省财经专业教学指导委员会专家1名，注册会计师、注册税务师、高级会计师等8人，高级商务策划师3人、司法鉴定师1人，高级物联网工程师1人，四川省招标评审专家1人。

为进一步提高硕士、博士和“双师”素质教师比例，形成稳固的校企互通师资队伍，建成一支国家标准的高职（高专）优秀教学科研团队，研究中心依托成都工业职业技术学院《人才引进实施办法》提供的人才培养、引进的激励机制平台，采用“内培外引”“下企业实践”、聘用兼职教师、聘请行业、企业专家等方式推进师资科研队伍建设，逐步建成一支由职业素质培养师、职业知识传授师、职业技能训练师构成的优秀教学科研团队。

研究中心强化师资队伍培训和专业人才培养。常态化选派教师外出参加培训、进修，积极响应“1+X”证书制度实施，选派教师参加“1+X”智能财税职业技能等级证书导师（培训师）培训，承担“1+X”智能财税职业技能等级证书四川地区首批师资培训，2019年培训兄弟院校“1+X”智能财税证书师资34人。完成青海省、四川省的会计、电商、市场营销等专业省培、国培项目4批次；送教上门，为石渠县提供旅游从业技能培训，培训学员80余人次。

注重青年教师培养，启动“青蓝工程”，每期安排两名经验丰富的老教师分别与两位青年教师结成“师徒”，通过听课、评课、教法辅导、磨课、联合开展教科研项目等方式，以尽快提高青年教师的综合职业素养与实践能力。

五、重点项目推进

1. 服务成都市跨境电商综合试验区，开展跨境电商产业学院研究

申报并立项中国职业技术教育学会教学工作委员会2019～2020年度教学改革课题《数字经济背景下产业学院产教城融合发展建设研究与实践——以跨境电商产业学院为例》，开展人才需求调研，形成调研报告，并申报跨境电子商务新专业，校企合作制定契合产业经济数字化转型升级的人才培养方案

和课程体系。

2. 聚焦数字经济发展，探索新商科人才培养

聚焦数字经济发展带来的产业变革，开展课题研究，探讨人才需求变化，探索人才培养模式、人才培养方式的改革。同时，借助牵头成都市财经财经商贸职教集团的平台，充分发挥校企合作纽带作用，召开专业建设研讨会，聘请会计、电商、保险等行业专家近 30 人，共同审议会计、会计信息管理、保险、电商、跨境电商等专业人才培养方案，使教学内容与工作内容相衔接，按照职业资历架构构建课程体系，开发课程资源和教材。课题“创新创业导向的互联网 + 财经专业技术技能型人才培养研究”“互联网金融规范发展背景下高职保险专业学生职业素养培养的实践研究”各项研究任务顺利开展，发表论文 2 篇。在校企共同努力的下，获批教育部首批“新商科智慧学习工场”项目试点，打造基于大数据、云计算的商科人才培养新生态。

3. 对接“1 + X”证书制度改革，开展课题研究、师资培训和人才培养

主动对接职教“1 + X”证书制度改革，积极申报并获批“1 + X”智能财税职业技能等级证书首批试点、四川省级考点、师资培训点，与证书对应的社会评价组织——中联教育集团紧密合作，成功举办四川省首批师资培训。以“1 + X”证书制度试点为契机，思考如何重构课程体系、完善课程内容，做到教学内容与工作内容相衔接，实现课证融通，申报相关校级科研课题、教改项目各一项。

4. 校企合作开展横向课题研究，发挥服务社会的作用

中心推动校企横向合作课题开展，实现科研经费到账 3 万元，进行学生技能竞赛平台打造、能力提升、师资师资、人才培养等方面的研究，更好实现以赛促教、以赛促学的目标，提升人才培养质量。中心教师发挥专业特长，为成都市青羊区教育局 2019 年数字校园建设应用试点学校政府采购项目需求论证、成都市温江区新闻中心“融媒体中心建设”采购项目需求论证提供咨询服务。

六、阶段建设成效

围绕人才培养、科技创新、社会服务等领域，产出了一批成果。获得国家省市各级教学科研成果多项，在各类各级刊物发表专业论文 10 余篇。出版《大数据时代企业人力资源管理模式构建与机制创新研究》等教材/专著 6 部，获批实用新型专利 5 项，校企共同研发 2 门核心课程专业教学资源库，开发

立体化教材 4 本。研究高素质复合型财经技能人才培养教育教学体系，建设会计初级资格教学资源包，专业教学资源库管理会计、财务管理精品课程资源以及“多媒体成本会计教学系统”和“多媒体财务分析教学系统”案例。

以 OBE 岗位能力培养为目标，构建基于技术应用理虚实一体的国际高端技术技能人才培养模式——“三元协同育人”，采用“专业共建”模式，借力教育科技企业的技术优势，充分运用大数据、云计算，创新教学模式和教学手段，构建人才培养“五个对接”模式；携手教育部本科协同育人项目，积极开展了中、高、本衔接培养研究，成员单位间开展中高职衔接专业 7 个，建成行业内应用技术研发、高素质技能型人才培养的主要平台。

参考文献

一、中文文献

1. 上级重要文件

[1] 教育部等九部门. 职业教育提质培优行动计划（2020—2023 年）（教职成〔2020〕7 号）. 2020 - 9 - 16.

[2] 教育部办公厅、工业和信息化部办公厅. 现代产业学院建设指南（试行）（教高厅函〔2020〕16 号）. 2020 - 7 - 30.

[3] 教育部. 职业院校数字校园规范（教职成函〔2020〕3 号）. 2020 - 6 - 16.

[4] 教育部. 高等学校课程思政建设指导纲要（教高〔2020〕3 号）. 2020 - 5 - 28.

[5] 教育部办公厅. 未来技术学院建设指南（试行）（教高厅函〔2020〕6 号）. 2020 - 5 - 12.

[6] 教育部办公厅. 关于做好扩招后高职教育教学管理工作的指导意见（教职成厅函〔2019〕20 号）. 2019 - 12 - 23.

[7] 教育部. 职业院校教材管理办法（教材〔2019〕3 号）. 2019 - 12 - 16.

[8] 教育部办公厅、国家发展改革委办公厅、财政部办公厅. 关于推进 1 + X 证书制度试点工作的指导意见（教职成厅函〔2019〕19 号）. 2019 - 11 - 9.

[9] 教育部. 关于加强新时代教育科学研究工作的意见（教政法〔2019〕16 号）. 2019 - 10 - 24.

[10] 中共中央、国务院. 中国教育现代化 2035. 2019 - 2 - 23.

[11] 国务院. 国家职业教育改革实施方案（国发〔2019〕4 号）. 2019 - 1 - 24.

［12］国务院办公厅．国务院办公厅关于深化产教融合的若干意见（国办发〔2017〕95号）．2017－12－5.

［13］教育部学校规划建设发展中心．智慧学习工场2020建设标准指引（试行）（CSDP/B 0001－2019）［S］．2019－7－29发布，2019－7－30实施．

［14］教育部学校规划建设发展中心新商科智慧学习工场（2020）（A）项目手册［Z］．广州市福思特科技有限公司，2019－6.

2. 著作/译作

［1］本书编写组．习近平总书记教育重要论述讲义［M］．北京：高等教育出版社，2020.

［2］中共中央宣传部．习近平新时代中国特色社会主义思想学习纲要［M］．北京：人民出版社，2019.

［3］白重恩．中国经济发展新阶段的机遇［M］．北京：中信出版社，2020.

［4］齐佳音，徐波．新时代高等商科教育变革的探索与实践［M］．北京：经济管理出版社，2020.

［5］蔡跃．职业教育活页式教材开发指导手册［M］．上海：华东师范大学出版社，2020.

［6］郭玉贵．反思与超越：构建新时代中国特色职业教育保障体系［M］．北京：国家行政学院出版社，2019.

［7］赵帅．破局：互联网＋教育［M］．北京：化学工业出版社，2018.

［8］严中华．国外职业教育核心理念解读——学习成果导向职业教育课程开发理论与实践［M］．北京：清华大学出版社，2017.

［9］［英］保罗·梅森．新经济的逻辑：个人、企业和国家如何应对未来［M］．熊海虹译．北京：中信出版社，2017.

［10］徐恒山．商科职业教育实践与研究［M］．北京：北京理工大学出版社，2016.

3. 学术论文

［1］卢卓，吴春尚．专创融合改革的理论逻辑、现实困境及突围路径［J］．教育与职业，2020（19）.

［2］王艳，郭龙建．“新商科”课程项目式教学设计研究——以“市场调查与分析”课程为例［J］．黑龙江教育（理论与实践），2020（10）.

［3］石中英．回归教育本体——当前我国教育评价体系改革刍议［J］．

教育研究，2020（9）.

［4］刘建军．课程思政：内涵、特点与路径［J］．教育研究，2020（9）.

［5］吴修胜，曹菊芳，王爱国，张高展，刘开伟，徐海燕．项目驱动的专业实践课程体系反向设计［J］．湖北第二师范学院学报，2020（8）.

［6］罗锋，刘军，黄丽，苏少丹．地方高校应用创新型商科人才“五位一体”培养模式探索［J］．佛山科学技术学院学报（自然科学版），2020（5）.

［7］张小桃．高职院校新商科类专业群卓越创新技能人才培养路径研究［J］．产业创新研究，2020（3）.

［8］祁占勇，王志远．经济发展与职业教育的耦合关系及其协同路径［J］．教育研究，2020（3）.

［9］张庆亮，杨莲娜．高等教育变革中的高校新商科发展思考［J］．山东高等教育，2020（2）.

［10］许宪春，张钟文，关会娟．中国新经济：作用、特征与挑战［J］．财贸经济，2020（1）.

［11］李鹏，石伟平．中国职业教育类型化改革的政策理想与行动路径——《国家职业教育改革实施方案》的内容分析与实施展望［J］．高等教育管理，2020（1）.

［12］赵永胜．职业教育产教融合校企合作成效问题研究［J］．成人教育，2020（1）.

［13］何珊，马小林．新商科背景下校企合作实践研究［J］．合作经济与科技，2019（19）.

［14］王成荣，龙洋．深化“三教”改革提高职业院校人才培养质量［J］．中国职业技术教育，2019（17）.

［15］陈强．“专创融合”人才培养模式构建及推进策略——以新商科专业群为视角［J］．中国高校科技，2019（11）.

［16］刘光洁，朱金龙．“金课”概念下的数字化资源建设［J］．计算机教育，2019（11）.

［17］叶信治．高校“金课”建设：从资源驱动转向制度驱动［J］．中国高教研究，2019（10）.

［18］董文娟，黄尧．人工智能背景下职业教育变革及模式建构［J］．中国电化教育，2019（7）.

[19] 郝天聪，石伟平．从松散联结到实体嵌入：职业教育产教融合的困境及其突破［J］．教育研究，2019（7）．

[20] 齐佳音，张国锋，吴联仁．人工智能背景下的商科教育变革［J］．中国大学教学，2019（7）．

[21] 肖安法．“新”之所在——新商科的内涵及建设路径探讨［J］．南通职业大学学报，2019（4）．

[22] 华冬芳．新经济背景下高职教育新商科人才培养研究［J］．无锡商业职业技术学院学报，2019（4）．

[23] 杨建新．高职新商科数字化教育生态的构建［J］．无锡商业职业技术学院学报，2019（4）．

[24] 万芳．新商科高职教师专业素质的解构与重构［J］．职教论坛，2019（2）．

[25] 秦琴．高职院校新商科类实训基地建设研究［J］．产业与科技论坛，2019（1）．

[26] 师博，张冰瑶．新时代、新动能、新经济——当前中国经济高质量发展解析［J］．上海经济研究，2018（5）．

[27] 李晓华．“新经济”与产业的颠覆性变革［J］．财经问题研究，2018（3）．

[28] 南旭光．大数据驱动职业教育人才培养的价值逻辑与创新路径［J］．教育与职业，2017（20）．

4. 其他文献

[1] 习近平．在“不忘初心、牢记使命”主题教育总结大会上的讲话［N］．人民日报，2020-1-9.

[2] 吕波．新技术带来新挑战，新商科如何应对［N］．中国科学报，2019-12-25.

[3] 朱铁壁．高职新商科人才培养的革新刍议［N］．中国建设报，2019-11-6.

[4] 罗兵．坚持传承与创新 探索培养新商科人才［N］．贵州日报，2019-6-28.

[5] 张宝忠．深度对接产业需求 全面建构新商科职业人才培养体系［N］．2017-8-21.

[6] 吴岩．新时代高等教育面临新形势［N］．光明日报，2017-12-19.

［7］刘洪一．供给侧改革：高职教育如何入手［N］．光明日报，2016 - 1 - 26.

［8］赵国庆．“互联网 + 教育”：机遇、挑战与应对［N］．光明日报，2015 - 6 - 9.

［9］胡德维．大数据“革命”教育［N］．光明日报，2013 - 10 - 19.

［10］教育部学校规划建设发展中心官方 APP——教育之弦资料．

二、英文文献

［1］Mehdiabadi A, Li J (2016) Understanding talent development and implications for human resource development: an integrative literature review. Hum Resour Dev Rev 15 (3): 263 - 294.

［2］Mulder M (2017) Competence - based vocational and professional education. Springer, Cham.

［3］Garavan TN, Carbery R, Rock A (2012) Mapping talent development: definition, scope and architecture. Eur J Train Dev 36 (1): 5 - 24.

［4］World Economic Forum, 2016. The Future of Jobs, Geneva: The World Economic Forum.

［5］World Bank, 2016. Doing Business 2016: Measuring Regulatory Quality and Efficiency, Washington, DC: World Bank Group. DOI: 10. 1596/978 - 1 - 4648 - 0667 - 4. License: Creative Commons Attribution CC BY 3. 0 IGO.

［6］Coursera for Campus. Bridging curricula with career paths: How to prepare students for the future of worf. 2020.

［7］Meifang Liu. Research on Accounting Talent Training in Financial Shared Service Model [C]. Proceedings of the 3rd International Conference on Economics, Management, Law and Education (EMLE 2017).

［8］UNESCO Institute for Statistics (2019). SDG 4 Data Digest: How to Produce and Use the Global and Thematic Education Indicators [EB/OL]. http: //uis. unesco. org/sites/default/files/documents/sdg4 - data - digest - 2019 - en _0. pdf.

［9］Keshnee Padayachee. The myths and realities of Generational Cohort Theory on ICT Integration in Education: A South African Perspective (Research Paper0 [EB/OL] https: //digitalcommons. kennesaw. edu/cgi/viewcontent. cgi? article =

1529&context = ajis.

[10] Akinobu Ando, Toshihiro Takaku, Shota Itagaki, Takashi Torii, Hidetoshi Takeno, Darold Davis. Development of a Skill Learning System using Sensors in a Smart Phone for Vocational Education [C]. CSEDU2013 - 5th International Conference on Computer Supported Education.

[11] M. Semih Summak and Mustafa Samancıoğlu. Assessment of technology integration in vocational education and training schools [J]. International Journal of Education and Development using Information and Communication Technology (IJEDICT), 2011, Vol. 7, Issue1, pp. 68 - 85.

后　记

面对工业化时代向数智化时代转型带来的机遇和挑战，新商科教育只有以学习者为中心，在产教深度融合的制度框架下，以平台化、数字化、智能化、灵巧化为要旨，进行体系化改革，推动教育形态、学校形态、功能形态、技术形态转型，构建耦合数智化时代经济社会和产业发展特征的新型商科教育有机生态圈，才能够在大变革、大发展的时代浪潮中乘风破浪。

新商科智慧学习工场建设，因需而智，重新定义学校和学习，聚焦教育的三内核——课程、测量和评价，为学习者设计“真实世界”，打造多样化、融合化、分布式、泛连接的学习时空，更好地激励和驱动学习者自主学习、终身学习，为商科教育的数智化转型提供了一个智慧路径，极大提升了商科人才培养质量和产业经济服务能力。同时，新商科智慧学习工场建设也是在新时代中国特色社会主义体系下构建具有中国特色的商科教育理念、体系和实践的创新举措，对于构建中国商科话语体系亦具有重大理论意义和实践价值。

技术迭代更新、时代发展更替必定会赋予商科教育新使命、新内涵、新特征，新商科智慧学习工场建设的理念、内涵、框架、路径、方法等都要以此为依据，不断进行优化改造、提质升级，才能持续为新商科人才培养注入时代活力，与经济社会和产业发展共生共荣，为中华民族伟大复兴贡献新商科教育应有的力量。

本书由成都工业职业技术学院苏重来、刘霞、李鸿雁、腾云勇撰写，得到广州市福思特科技有限公司杨帆、麦全发、聂洁媛、陈富明等专家的全力指导。同时，本书采用了教育部学校规划建设发展中心发布的《智慧学习工场2020建设标准指引（试行）》和广州市福思特科技有限公司编写的《新商科智慧学习工场（2020）（A）项目手册》相关资料，参考了许多专家和学者的研究成果，得到中国财政经济出版社的大力支持与帮助，特此一并致谢。

新商科智慧学习工场建设项目组

2020年10月30日